U0058906

施威全 著

低端的真相

街頭律師眼中的東倫敦華人移工

本書所載皆為真實案件；基於法律原因，作者變造了部分涉案者的基本資料與涉案地點。

女王陛下王茲爾斯監獄（HM Prison Wandsworth）。建造於十九世紀的王茲爾斯監獄，就是暴力美學電影《發條橘子》的場景所在，電影中出現過整座監獄的立面，灰暗沉悶，正是這歷史建築給人的感覺。

25

東倫敦街景。

SHOE
REPAIRS
TOPY
KRISTI'S
Quality
SHOE REPAIRS
KEY
CUTTING
WHILE
U
WAIT
Sizzling Wok

東倫敦的白教堂（Whitechapel）地鐵站。

位於倫敦的移民法庭Taylor House Tribunal。

位於倫敦的本頓維爾監獄（HM Prison Pentonville）。

各方好評

*依姓氏筆劃排列

作者提醒注視全球資訊化的片段：金融資本貪婪與非正式經濟求生存越界網上橫流，認同政治權力偏見與零碎片斷化社會慾望搶佔節點，權力精英幻影裡的極樂之宴正伴奏著臨終前的屌絲魔咒共用奇觀？

夏鑄九
臺灣大學建築與城鄉研究所名譽教授

他的世界觀寬闊冷靜，分析世界的不平，透澈真實。他的人道信念真誠勇敢，走入底層，和弱勢者併肩戰鬥，耐操善戰。他的心溫熱直率，寫出命運的脆弱與韌性，寫出生命在這冷酷世界的奮鬥。這本書，記錄著施威全奮戰的歷程與觀省。

楊渡
作家

我們每個人的身分都持續在變動，每個人的身體都不斷在遷徙。所以我們都是某種角度下的「移民」。然而在這個人人是移民的世界裡，我們卻用對自己有利或習慣的標準，去挑剔別人。施威全的《低端的真相：街頭律師眼中的東倫敦華人移工》讓我們看到好多鮮活的故事，看到早年（經由各種難以想像之手段）來到倫敦的「白人老移民」，怎樣懷疑、排斥「有色新移民」。這本書更讓我們看到，無論

來到當地的流程是合法或非法，移民的生命故事是多麼地豐富多樣又熟悉，白人異樣的眼光又是何等「異樣」。這也更能讓我們回頭來看看，在絕大多數人都是移民後代（卻常常對移民移工另眼看待）的台灣，我們怎樣看待自己，對待他人。

廖元豪
政治大學法律系副教授

自序

少小離家老大回，鄉音無改鬢毛衰。

——賀知章《回鄉偶書》

二十多歲初抵倫敦，返臺定居時已逾四十，豈止兩鬢，髮已半白。《低端的真相：街頭律師眼中的東倫敦華人移工》記錄了這段年月的經歷與糾葛。書中案件，多是切身經歷，偶或遊走法律邊緣，但我不曾被英國警方調查、約談，在此特別聲明。感謝父親施叔榮先生與母親吳阿葉女士長年的等候和寬容，雙親的疼愛是繫岸的纜索，家永遠是最安全的靠泊。因為旅英我耗費了父母的積蓄，三弟施富盛教授當年出國唸

書，只能藉著公費留考到東歐，從拿著紙片畫圖點餐、畫豬頭點豬肉、畫雞點炒蛋，到如今，波蘭語聽說讀寫，俱為一流。

敬佩秀威資訊宋政坤總經理對文化事業的堅持，謝謝鄭伊庭經理與洪仕翰編輯的指正，他們的投入誕生了此書。期待秀威資訊對臺灣文化的付出，例如《自由中國》雜誌全套復刻版，這項重現時代印記的貢獻，可以得到更多迴響。

書名中的「街頭律師」，是我合作過的幾位英國朋友，他們貢獻了書中某些法律觀點。另外，書名中還用了「低端」兩字，但我對於書中人物不帶任何貶意，這些在東倫敦社會基層相互扶持的朋友們，不管身份「合法」或「非法」，他們恰好不是社會的邊緣，反而是撐起經濟發展的動力。移民研究學者Portes與空間社會學者Castells在*The Informal Economy*一書裡所討論的「非正式部門」概念，我覺得更貼切地解釋了東倫敦華人朋友們的社會角色。我沒資格評價他們的「犯行」或「違法」。

目次

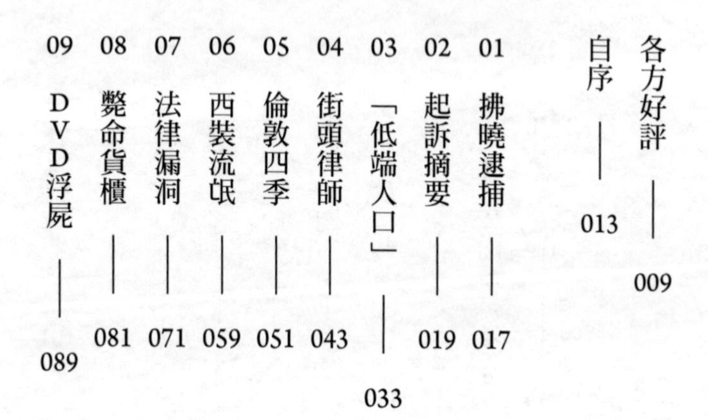

01 拂曉逮捕

臺灣同鄉陳明宜的住處在倫敦東北邊，典型的市郊房子，兩層樓，四個房間，前院停車、後院有草坪。二〇〇七年七月十日，他的住處遭到勞動與年金部的調查官和警察的拂曉突襲。清晨六點，十二個警察荷槍、穿防彈背心，敲門、叫喊、指揮搜查的聲音驚動了寧靜的住宅區。急衝入門的一位警察拉開了樓上臥室的門，裡面一位白皮膚而五官有明顯東方特徵的女孩正從床上起身，警察大喊：「這裡有中國妓女。」陳明宜硬甩脫了正盤查他的警察，衝到女孩前，雙手橫舉擋在警察與她之間：「她是我女兒。」

明宜和他的英國太太喬瑟芬有兩個女孩，都十多歲正在唸書的年

紀，白人的外型但五官有些東方特徵，從五歲開始就讀於福音教派所創辦的學校，成績相當傑出，陳明宜唯一的遺憾是，因為住家與學校所在的社區，絕大多數是白人，兩個女兒都不會說中文。陳明宜的皮夾是警方第一個查扣的證物，一打開，裡面有紙條寫著人名與一些地址，原本只是清晨的行動，循著紙條上的線索和其他查扣的資料，擴大為整天的搜索。到了下午，共有五處地方被搜，七人被捕。陳明宜是我工作的伙伴，他被搜、被捕，我竟然兩個禮拜後才知道。到底他犯了什麼罪？對警方講了什麼？我會不會被牽連到？我心忐忑了好長一段時間。

半年後看到了檢方的案情摘要，才驚覺案情之嚴重，牽涉之廣。陳明宜案是英國勞動與年金部十年來，破獲涉案人數最多的集團詐騙案。

02 起訴摘要

史耐而布魯克皇家刑事法院

女王

控訴

約翰・懷特、喬瑟芬・沃克、王立、陳大維、劉毅、鄭元芬、林易琴

起訴摘要

因應陪審團的審判，皇家官方準備了本摘要。必須強調這只是一份特別為了審前聽證而準備的摘要，審判時皇家官方也可能採用在這份摘要裡面沒有提及的其他事實或推論。

一、背景：

本案的焦點是從二〇〇五年到二〇〇七年之間發生的有組織且廣泛的詐騙行為，涉及以不實的資料申請「國家保險號碼」，涉案者主要是尋求庇護失敗的華人，涉案者共有二十六人，總共提出了二十八件不實的申請案。同時約翰・懷特、喬瑟芬・沃克、鄭元芬與林易琴也涉及詐領社會福利津貼，金額總計超過二十四萬英鎊。為了提出此二十八件申請案，不實的文書被廣泛製造與使用，包括哈佛林學院的學生註冊信件、用來證明居所地址的租賃證明、餐廳的任職證明、水費單據、電費單據、瓦斯費單據以及內政部信函。

此案是勞動與年金部十年來所破獲，涉案人數最多的集團詐騙案。

二、「國家保險號碼」：

「國家保險號碼」是得以在英國合法工作、進入社會安全體系的途徑。如果涉案諸人成功地取得了「國家保險號碼」，他們可能取得顯著的利益，包括可以合法工作、申請福利津貼。

申請者必須填寫〈CA4500申請表〉，如果有人陪伴協助申請，陪伴者也必須填寫姓名、地址以及與申請者的關係。申請的時候，面試者會記錄申請者所提供的證件，必要時影印留存。申請者填完〈CA4500申請表〉時，必須簽名具結所提供的資訊皆為真實，這對於官方當局很重要，因為當局並無法也無足夠的時間就每件申請案查證，基本上官方在信任的基礎上對待申請者在〈CA4500申請表〉上填寫的答案。

三、涉案者的關係：

約翰．懷特又名「**陳明宜**」、「**約翰．陳**」、「**約翰．沃克**」、「**明宜．懷特**」。約翰．懷特共持有三本護照，分別為中華民國護照，姓名陳明宜；聯合王國護照，姓名約翰明宜．懷特；聯合王國護照，姓名約翰明宜．沃克。其結婚登記資料上的名字為**明宜陳．懷特**（見證據編號WS29）。約翰．懷特於一九八九年與蘇菲雅．懷特結婚，一九九〇年成為鰥夫，一九九一年與**喬瑟芬．沃克**結婚。在二十八件不實申請案中，他皆扮演翻譯以及陪同者角色，並在申請的文件中分別以陳明

宜、約翰・懷特或明宜・懷特等名義簽名。使用不同的名字顯示他意圖降低風險、規避偵察，也顯示他應該瞭解這些申請涉及詐欺。根據其持有的中華民國護照，陳明宜可能是其結婚前的原名，但內政部並沒有關於「陳明宜」的紀錄。

本案中所有的「國家保險號碼」申請，類型都非常相似，申請者多持有NOODLES麵店開具的信件，聲稱申請者在該店任職；也有多位申請者持有哈佛林學院開具的信件，聲稱為該校學生。但極有可能，這些信件皆是偽造的。本案大部分的偽造文書與證件都來自相同源頭，就業證明、入學證明、內政部信件等文件，多數是在約翰・懷特（陳明宜）的住處所製造，所有租賃合約上的筆跡都一致。筆跡分析顯示，約翰・懷特（陳明宜）的書寫出現在二十八件「國家保險號碼」申請表上。約翰・懷特（陳明宜）的筆記本上共記載了八十六個中文姓名、聯絡電話與他們的「國家保險號碼」，沒有證據顯示此八十六人全部都涉及詐欺，無論如何此案的規模與類型顯示出手法的精緻與有組織。

四、監視：

從 29/11/06 到 25/06/07 之間進行間歇性的監視，結果包括：

一、約翰·懷特（陳明宜）出現在與本案有關的幾個地址；

二、約翰·懷特（陳明宜）陪同本案部分被告出現在住宅福利辦公室；

三、約翰·懷特（陳明宜）在人力仲介公司擔任翻譯義工，協助他人填寫文件；

四、約翰·懷特（陳明宜）宣稱是一對華人夫婦的哥哥，陪同在醫院就診；

五、約翰·懷特（陳明宜）由喬瑟芬·沃克搭載前往就業服務中心。

六、監視的結果顯示約翰·懷特（陳明宜）並非如本案許多文件上所稱住在漢姆公園路一六五號，郵遞區號 E7 9LE，他實際上住在哈佛林路一〇一號，同住者包括喬瑟芬·沃克以及他們的兩位青少年女兒。兩位女兒就讀於濟世學校，該學校為向家長收

費的獨立學校，收三到十六歲的學生，學費一個月約一百二十五鎊。

五、不實申請：

（一）陳林：

在13/06/07此人出現在沃爾瑟姆斯托社會安全辦公室，他填寫了〈CA4500申請表〉，在表中他註明：

一、他因為工作目的需要申請「國家保險號碼」。

二、他於21/12/2001抵達聯合王國。

三、他從08/04/02開始在NOODLES麵店工作。

四、他在13/09/05開始在哈佛林學院就讀。

〈CA4500申請表〉中的第二十五題由明宜・懷特填寫，明宜・懷特是約翰・懷特（陳明宜）所使用的另個名字，他填寫其居住地為漢姆公園路一六五號E7 9LE，與申請者的關係為「朋友」。明宜・懷特此一名字經常性地被約翰・懷特（陳明宜）所使用。

申請者並提供底下的資料：

一、一張移民局的〈移民與國籍卡〉，上面註明「禁止工作」。

二、一張內政部的信件，日期為18/12/2003，編號GI57603，內容顯示申請者獲准庇護。

三、一張來自哈佛林學院的信。

四、泰晤士水公司的帳單，戶名為陳林。

五、一張來自NOODLES麵店的信。

內政部已經確認上述獲准庇護的信件為偽造。從哈佛林路一〇一號所查扣的證據中，包括了就業服務站給陳林的信，信中通知陳林面談的時間。哈佛林路一〇一號是約翰・懷特（陳明宜）與喬瑟芬・沃克實際的居住地。

（二）劉軍：

在24/07/06此人出現在沃爾瑟姆斯托就業服務中心，他填寫了〈CA4500申請表〉，在表中他註明：

一、他因為工作目的需要申請「國家保險號碼」。
二、他於02/02/2000抵達聯合王國。
三、他從15/03/03開始在NOODLES麵店工作。
四、他在13/09/05與15/07/06間在哈佛林學院就讀。
五、他的房東是明宜・懷特（約翰・懷特（陳明宜）所使用的另個名字），地址是漢姆公園路一六五號

〈CA4500申請表〉中的第二十五題由約翰・陳署名填寫，約翰・陳是約翰・懷特（陳明宜）所使用的另個名字，他填寫其居住地為哈佛林路一〇一號，與申請者的關係為「朋友」。

申請者並提供底下的資料：

一、一張移民局的〈移民與國籍卡〉。
二、一張內政部的信件。
三、一張來自哈佛林學院的信。
四、租賃合約。

五、一張來自NOODLES麵店的信。

劉先生是位庇護申請失敗者。他在18/08/2005抵達聯合王國，一直被拘留到他的庇護申請被拒。11/15/2005內政部發給他的〈移民與國籍卡〉上面註記禁止工作，他的申請案件在12/01/2006確定終結。

從漢姆公園路一六五號，也就是喬瑟芬・沃克所擁有的財產，所查扣的證據中，包括了內政部的信，信中內容通知劉先生的庇護已遭拒絕。基於劉先生的身分狀況，任何申請國家安全號碼的行為都是詐騙。

（三）鄭元芬：

在24/07/06此人出現在沃爾瑟姆斯托就業服務中心，她填寫了〈CA4500申請表〉，在表中她註明……（等待證據資料中）

（四）王立：

此人分別在14/06/2006與29/03/2007提出申請「國家保險號碼」，兩次申請時約翰・懷特（陳明宜）都陪伴在場。

14/06/2006

此人出現在沃爾瑟姆斯托就業服務中心，他填寫了〈CA4500申請表〉，在表中他註明：

一、他住在漢姆公園路一六五號（01/06/2003開始）

二、他之前的地址是32A約克路（2000-2003年間，此地址曾被約翰・懷特（陳明宜）用來申請津貼）

三、他於15/04/2000抵達聯合王國。

三、他從01/06/03開始在羅姆福德大街九一號麵店工作。

四、他從13/09/05開始在哈佛林學院就讀。

五、他的房東是住在哈佛林路一〇一號的威廉先生。

〈CA4500申請表〉中的第二五題由明宜・懷特填寫，明宜・懷特是約翰・懷特（陳明宜）所使用的另個名字，他填寫其居住地為赫本路三九號，與申請者的關係為「朋友」。

申請者並提供底下的資料：

一、一張移民局的〈移民與國籍卡〉。（經確認為偽造）

二、一張內政部的信件，說明其具有永久居留身分，日期為22/11/05（經確認為偽造）

三、一張來自哈佛林學院的信。（經確認為偽造）

四、租賃合約。

五、一張來自麵店的信。

六、泰晤士水公司的帳單。

此次的申請被拒。

29/03/2007

此人出現在城市就業服務中心，他填寫了〈CA4500申請表〉，在表中他註明：

一、他有永久居留權。

二、他的房東是喬瑟芬・沃克女士。

（其他資訊待補充）

〈CA4500申請表〉中的第二十五題由陳明宜填寫，陳明宜是約

翰・懷特所使用的另個名字，他填寫其居住地為巴哈福路三十二號，與申請者的關係為「朋友」。

申請者並提供底下的資料：

（等待證據資料中）

內政部資料顯示，王立於二〇〇五年九月二十四日以撒林・喇西麻的名字抵達聯合王國，宣稱來自印度尼西亞。稍後透過律師的協助，確認其真名為王立，並以王立之名在二〇〇五年十月四日申請庇護。他獲准暫時居留，並且被安置在一處位於蘇格蘭的住所。25/11/2005他的申請被拒絕。

在漢姆公園路一六五號的搜索行動中，發現兩項關於王立的資料：一封來自ORANGE電話公司的信，日期為02/05/07，以及內政部的訪談記錄，日期為06/10/05。在哈佛林路一〇一號的搜索行動中，發現七項與王立有關的資料：泰晤士水公司的帳單、來自皇后醫院的信、具名王立的聯合王國海外護照的影印本（依其移民身分，該影本顯然不實）、

上面註記不得工作的〈移民與國籍卡〉、申請「國家保險號碼」的說明、ORANGE電話公司的帳單，以及約翰・懷特（陳明宜）書寫的一頁筆記，在王立的名字旁以中文寫著「黑馬」和一組銀行帳號。

以下還有二十三案的案情簡述，從略。整個案情，光摘要就有六十三頁，所有的筆錄、證據、證詞加起來超過六〇〇〇頁。

03

「低端人口」

一切都來自一碗麵的因緣。

英國食物難吃，舉世知名，因此對於我等嘴饞的東方人來說，生活在倫敦，吃有時是重要的儀式。我在一九九六年初抵倫敦，倫敦華埠盡是廣東菜，無法滿足吃臺灣火鍋大口喝湯的快感，也沒有熱騰騰湯麵的享受。為了吃火鍋，我曾從倫敦東北角搭五十分鐘的火車到西南角，只因餐館主人願意為華人特別準備火鍋。我們幾位臺灣留學生偶爾會約在格林尼治（Greenwich），各自從倫敦的不同角落搭地鐵、接輕軌，然後漫步長長的河底隧道到泰晤士河南岸，不是到皇家天文臺去看格林尼治標準時間的子午線，而是那裡有家倫敦獨一無二的「大碗麵」。很難

定義「大碗麵」到底是越南餐廳或中國餐廳，大碗的湯麵、河粉，牛、豬、雞、海鮮都可點，加點檸檬後，湯汁有點酸，頗入口，價格便宜，一碗三鎊五到五鎊。大碗湯麵滿足了臺灣學生的口慾；「大碗麵」是背包客地圖的必訪景點。

當和大碗麵風格類似的NOODLES麵店（NOODLES Noodle Bar）在我住的城鎮伊爾福德開幕時，簡直是天降福音，從此吃麵不用長途跋涉。NOODLES的經理是越南人，廚師與服務生說廣東話或普通話，招牌上號稱是日本餐館，擺設是仿酒吧風格的長條桌椅。菜單上，湯麵為主，兼有炒麵、炒飯，新加坡炒麵放在廣東料理項下，楊州炒飯則被歸類為日本菜。管他是哪國菜，我一吃成常客，每週光顧兩三次。伊爾福德極少見東方面孔，NOODLES的口味迎合以白人為主的勞動階級或年輕上班族，份量大、熱量高。成為熟客後，我常拜託廚房少油少鹽，這是因為語言相通享有的特權。

一次正吃乾抹淨時，有服務生走向我，問說我是不是學醫的，他的朋友正牙齒痛。我說不是，我念法律，他喔的一聲，說我看起來就是來

唸書的，和他們打工的不一樣，他們同事間傳說我是念醫的。我問他：「有沒見過我和女孩子一起來NOODLES？」他說沒有，看我走在路上，也都是自己一人。我說：「那就對了，念醫的怎會沒有女朋友。」他說：「對喔，就算已婚的，一個人在英國也是會有女友。」我告訴他，在英國看牙雖然貴，但「國家健康服務體系」會給付部分費用，對街樓上的牙醫願意收新的病人，去敲敲門，從註冊到預約看診，診所助理都會安排好。

雖然我的身分行情不如NOODLES員工的期望，但他們確認了一項事實：我會讀英文。逐漸地，在我去吃飯時，有時在等上菜的空檔，有時在我吃完後，NOODLES員工會拿著英文書信問我到底怎麼回事。有的是來自銀行的通知，一封信加上厚厚一疊的密密麻麻條款，只是告訴顧客該銀行的服務契約有了微調，我自己接到這類的信時，懶得看就直接丟垃圾桶，當然告訴NOODLES的朋友不用理睬。有幾次收到學校的曠課通知，NOODLES的朋友們也都懶得理會。

NOODLES有些員工是拿學生簽證入境，利用就學的名義，學期間

依法每週可工作二十小時，假期時則可以全職工作。他們有幾位註冊於NOODLES後門巷子裡的「帝國學院倫敦」，該校在一棟灰色黯舊辦公樓的二樓與三樓，一樓有賭博投注店和印度餐館，相較於舉世知名的「倫敦帝國學院」，英文名字只差一個字。

「倫敦帝國學院」（Imperial College London）曾屬於倫敦大學系統，世界頂尖的教學兼研究型大學，學生一萬六千多人，擁有十五位諾貝爾獎得主；「帝國學院倫敦」（Empire College London）裡的教師則十個都不到，全是兼職，常一學期課還沒教完人就跑了。所謂「學院」實則是一間商業有限公司，提供職業訓練課程，類似臺灣的電腦補習班或私立職訓班；它不是大學，所頒發的證書非屬教育部承認的學位。但即使是補習班，也有優劣之分，「帝國學院倫敦」的制度鬆散，老師的薪水偶爾拖欠，學費也無定數。該「學院」每學期收費大約一五〇鎊，學費多寡，看介紹學生來就讀的仲介抽佣多少，我認識的一位印度旁遮普學生，就繳了三〇〇鎊。很多學生一〇〇多鎊繳了，人就不見了，目的在於取得合法打工身分；但也有學生天天勤奮上課，儘管師資參差不

齊，還是能學些英文、學些知識。「帝國學院倫敦」偶爾會發信給一年見不到兩次面的學生，催學生上課並警告說，再不來就會把學生的資料通報移民局。但NOODLES的朋友們從不把這種警告信當一回事，因為只要持續繳學費，學校還是會配合學生的需求開出就學證明，讓學生得以申請簽證延簽，留在英國合法打工。

這類補習班或語言學校的存在，為外國人在英國工作開了道合法的後門。從一九九七年起，英國就業市場中的低階勞動工作，例如餐飲服務、食品工廠加工與農場採收，就充滿了外籍移工。一九九七年到二〇〇七年間，英國低階就業市場的本地勞動人口減少了一〇〇多萬，這不是產業升級的結果，而是有一〇〇多萬外籍移工填補了這塊勞動市場。依照英國高等教育統計局的資料推估，在二〇〇六年到二〇〇八年之間，每年在「帝國學院倫敦」這類補習班註冊的新生人數至少七萬人，他們每人平均在英國待二年，這股勞動力佔了英國低階勞動人口的百分之十。他們年輕、勤奮、薪資低，住在都會的外圍，做沒有前景的工作，支撐了繁華倫敦城裡中產階級的生活需求。

由於經常出入，NOODLES的餐桌成了我的臨時辦公室，吃完麵，有事面談，無事就走，NOODLES的朋友偶爾也會帶著別人的問題來問我。相處了一陣子，我逐漸清楚他們的人際網絡，這群散居東倫敦的華人朋友們，說普通話的多是同鄉，有幾位有親屬關係；他們有的在附近的中餐館當廚師、服務生，有的在工地砌磚、作木工，有的在食品加工廠工作，少數幾人沿街叫賣盜版DVD。他們在英國居留的身分各異，學生簽證、觀光簽證、婚姻移民皆有，還有申請庇護失敗的無證件者。

這其中王正強最資深，來了英國七年，當初合法入境的簽證早已失效，我跟他說，再等個八年，他就可以合法取得英國永久居留權，進而取得英國國籍。因為移民法規定，只要證明自己在英國已連續居住十五年，不管身分合法、非法，不管當年是偷渡或持護照來，都可申請永久居留。十五年，如果一個人在此生活這麼久，已在地生根了，整個生活與生計都與英國密切連結，若還將他當成非法移民，政府仍驅逐他出境，這是法律所不允許。

但是王正強說，等不了那麼久了，大概再多待一年，錢賺夠了就要

走了，何況，他才不在乎能不能拿到英國籍。王正強和他的幾位同鄉都是透過人蛇找辦法來英國的，每個人的管道有異，但價格相同，都是二十萬人民幣一個人頭。王正強說，剛來的前兩年打的工都用來還蛇頭的債，接下來賺的錢才是自己的。「再賺個一年吧，我太太正打算用我匯回去的錢蓋新家，等我回去剛好住新房子。」這群說普通話的朋友每個人的最終打算就是回家，不像我認識的來自香港的朋友，多籌劃著如何就此定居英國。

聊多了，常常聽到王正強等人提到一位大哥，和我一樣是臺灣人，他們就叫他「大哥」。王正強剛來時，有很多生活問題，都虧大哥幫忙：辦銀行戶頭、買電話卡等等，有時住處也是大哥幫忙找的。大哥在教會工作，王正強等人有空也會跟著大哥參加聚會，王正強說，因為大哥幫的忙實在太多，很感激大哥，所以他跟著大哥信教。大哥就是陳明宜，有次他來 NOODLES，我們終於碰到面了，聽到臺灣口音的國語，就是親切。我跟著稱他大哥，他說大哥都被抓去關了，叫他名字就好。

東倫敦少見華人，遑論長居倫敦的臺灣人。曾在《衛報》任職、從

事報導文學，中英文作品皆聞名的作家白曉紅是一位，加上明宜，兩人是我在英國時僅知的定居東倫敦的臺灣人。明宜大我九歲，也比我早了十年來到英國，我是因為東倫敦房租便宜，才住到這個印巴移民多、勞工階級多的社區；明宜是因為他太太的關係，他的英國太太喬瑟芬從小就住在倫敦東北方。明宜故鄉屏東，大學唸神學院，與太太結婚後在教會服務，就決定在此定居。他介紹他的教會：牧師姓博帝，一位黑人老先生，明宜是執事，因為年輕力壯，也因為教會裡華人愈來愈多，他幫忙打理許多事。教會裡定居英國超過十年的華人還有幾位，都比明宜長一輩，這令我驚訝，原來我印象中盡是白人勞工階級、說話時 t 常常不發音，把 daughter 說成 daugh-er 的倫敦東北方鄉下，頗有些華人。明宜說，也是這因緣，他經常協助華人朋友們一些生活事務，陪他們跑銀行、醫院或政府機關。十多年下來，幫助的人愈來愈多，也愈來愈廣，服務的型態跟著繁複起來，以前幫助較年長的、在英定居的老移民，現在幫的多是像王正強這樣的新移民。

明宜娓娓道來他經手的第一個案子，十多年前，獨自來英國謀生的

一位大陸人，事業不順遂，自殺陳屍在倫敦東北方的樹林，無親無故也不知姓名，警方找中國大使館，大使館不理，就近找華人，找到了明宜，明宜和教會配合警方安葬了他。明宜說，早就聽說有些華人朋友會找我幫忙，他覺得很高興；他也提醒我，華人移民都有把辛酸淚，不過每個人背後的故事未必都是真的，真真假假自己得小心判斷。

我謝謝明宜的提醒，但心裡想，管他人故事真假，只要我經手的一切合法，我什麼都不用怕。

04 街頭律師

在NOODLES看信看多了，偶爾會用得上法律知識。匯豐銀行寄給李洋一封信說要扣繳十二鎊，原因是帳戶透支了，他超支了五・三鎊，為了這五・三鎊銀行要收他十二鎊的手續費。李洋覺得這莫名其妙，要我幫忙。

英國銀行的存款帳戶通常會主動給客戶一個透支額度，例如李洋的額度是二五〇鎊，當戶頭沒錢可領了，還有這二五〇鎊可以支用，算是銀行自動借錢給李洋，會算一點點利息。李洋的例子是，因為銀行自動扣繳了行動電話費，讓他透支了二五五・三鎊，超過了二五〇鎊的額度五・三鎊。當李洋察覺到他可能超額透支時，趕快存了些現金到戶頭，

不過還是晚了兩天。就為了五・三鎊的超支，而且僅僅兩天，銀行要收十二鎊的行政費用。李洋說，在中國大陸，戶頭沒錢就沒錢，在提款機領不出錢來，扣繳也不會成功。他認為匯豐銀行不應該自作主張，在他戶頭錢不夠時還扣繳了行動電話費，害他超支二五五・三鎊，然後回過頭來罰他十二鎊。

李洋講的有道理，他的例子也非個案。超額透支在英國太容易發生，明明戶頭已經超額負債了，金融卡還可以在提款機領出錢來。消費者團體為了這美其名是行政費用，實質上是罰金的十二鎊，與銀行業槓了好幾年。有些人告上了治安法庭，勝訴。治安法庭認為依法銀行不能處罰客戶，認為十二鎊並沒有合理反映了銀行實際的行政成本，銀行不該從這十二鎊獲利。英國政府的公平交易辦公室還代表消費者到高院控告銀行業，高院的見解與治安法庭有點不一樣，不過也是偏向消費者，高院裁判不認為十二鎊是罰金，但是認為公平交易辦公室有權力認定十二鎊是否太高。官司持續打到上訴法院，上訴法院維持高院的看法；不過再往上打到上議院時，出現大逆轉，大法官們有完全不同的立論：

「十二鎊屬於銀行的營收，是銀行與客戶契約內容的核心，所以公平交易辦公室無權評論十二鎊是否太高。」上議院雖然是英國司法體系的最高法院，但是案子沒有就此打住。二〇一四年有位奧利佛・佛斯特-班內爾，因為超支二・六七鎊，一直拒絕支付行政費用，累積下來，銀行要向他收取七四三鎊。在義務律師們的協助下，他換個途徑，告到地方民事法庭，贏了。這場拖了有二十年的司法爭議，後續如何，還有得看。

李洋尋求我幫助時，公平交易辦公室告銀行業的案子還沒有打到上議院，消費者團體與銀行業，誰也不敢打包票自己穩贏。司法結果未定，不代表李洋的案子不能處理，當下就在餐廳裡，我手寫了封信，主張為了欠了兩天的五・三鎊，就要罰十二鎊，實在不合理。信裡我無須引經據典、不用摘錄法律規定，因為銀行會如何回覆，可以預料。銀行不會承認這是罰款，也不會辯說十二鎊實際反映了銀行的成本，銀行會避開法律上的爭議，然後自行吸收這十二鎊。李洋在信末簽了名，寄了出去，十天後銀行回信說：「基於您是我們的忠實顧客，為了表達善

意，我們決定不向您收取這十二鎊。如果您有需要提高您的透支額度，歡迎與我們討論。」一封信，幾句話，就省了十二鎊，李洋也沒什麼好抱怨的了。

協助NOODLES的朋友們處理事情，對我有幫助，案例樣態多，增加了不少實務經驗。碰過的還包括租屋糾紛、家電用品保固、信用卡消費爭議等問題，與地方政府或移民局打交道也是常態。其實在NOODLES對街樓上就有個「公民諮詢局」的辦公室，一般英國人如果遇到這類問題，就會到「公民諮詢局」尋求協助。「公民諮詢局」是民間慈善組織，在英國各地共有三百一十六個據點，兩萬多位義工，形成一個全國性的服務網絡，他們的宗旨是協助小百姓克服困難、繼續前進，並藉著他們累積的經驗向政府提供政策建議。我的律師朋友馬克・史塔克就是「公民諮詢局」的義工，當「公民諮詢局」值檯的專職人員或義工遇到棘手的議題時，會直接聯繫馬克請教他意見。馬克說，我在NOODLES受理的問題，差不多也是他們在「公民諮詢局」會面對的議題，差別在「公民諮詢局」還受理了很多卡債個案，花不少時間幫信

用卡消費者和銀行協商，要求銀行重整卡主的債務，暫時凍結利息，以讓卡主喘息、慢慢還債。這類案子我的確沒受理過，NOODLES的朋友們多在一九九〇年代中期從中國大陸來到英國，信用卡對他們還是新的經驗，所以使用上很小心；不像臺灣留學生，在臺灣早已使用過信用卡，所以懂得在學成歸國、離開英國前刷爆信用卡，然後逃之夭夭。

馬克曾在美國短暫實習，他提及這類的法律服務，在美國通常是非營利的律師事務所或法律服務中心擔綱，律師的角色較重。馬克在美國時，常得幫民眾打電話到地方政府，追討社福津貼的支票，他也曾為毒癮患者與檢察官協商，以接受治療來換取免被監禁。英國與美國的法律服務各有特色，那臺灣呢？我告訴馬克，就叫「選民服務」，多發生在政治人物的服務處，議題也是琳瑯滿目，特別是需要與政府打交道的項目，有的民眾認為得透過議員或立委，才夠力。這類法律業務，在美國有個專有名詞叫「公眾利益法」，這詞興起於社會運動蓬勃的一九六〇年代，不少學法的年輕人拿法律作為改變世界的工具，積極介入女權、同性戀人權、環保、社會福利、廢死與種族平等各領域，這類法律人通

稱公益律師，表示他們不同於為企業服務的律師。我和馬克都不喜歡公益律師這名詞，太自命清高了，他說我們是街頭律師。這聽起來像是混街頭的訟棍，頗符合我們工作的現況，我喜歡。

明宜對華人朋友們的協助，比我更深、更廣多了，他常拿自身的經驗提醒我，移民有好有壞，小心別被牽累了。之前我也深思過，移民服務工作與人蛇集團的人口販運，其實只有一線之隔。人蛇會幫忙找工作，我或明宜也是；人蛇會協助安頓，我們也偶爾如此；人蛇會帶著移民開戶頭、申請電話，這我們也做；人蛇會偽造證明，我不這麼做，但我知道移民朋友秀給我看的證明，有些是假的。我與人口販運者最大的差別是，我不藉著移民服務而獲利，我相信只要這立場站得穩，就沒問題。

明宜大概也曾深思過這個問題，所以有天他帶來個提議，覺得可以讓我和他的工作更理直氣壯。他說，讓我們成立個非營利組織好了，以後就用組織的名義做事，他還是做他擅長的，跑銀行、跑機關，還有探視兄弟姊妹們；我還是做我有興趣的，寫法律信、提告。我覺得這意見

不錯，以後我就可以把組織的名稱列印在信頭，讓法律信看起來夠權威，不像我之前寫的信，信紙頂端故意印著「施威全用箋」五個大大的中文字，純粹是裝腔作勢，唬唬英國人而已。組織的章程明宜要我來訂定，慈善組織規定要有理事（trustees），他請教會人士來擔任。做事總要有點經費，他覺得可以接受受幫助者的捐款，還有教會本來就有基金可挹注，這我不反對。我與NOODLES的朋友們接觸這陣子以來，除了時間成本，幾乎沒有任何花費，所以不覺得經費來源是個問題。擬章程時，我發現了個英國政府的規定，慈善組織的基金若少於五千鎊，無須向政府註冊，解散時也無須報備，這更讓我們省了麻煩。

很快地組織成立了，英文名字也取了，倒是中文名字一直還在討論中，沒結論。明宜認為既然服務對象以華人為主，還是有個中文名字較好。把英文名字翻譯為「東倫敦移民論壇」？有點不知所云；稱為「東倫敦移民服務局」？怕被誤會是官方機構；叫做「諮詢中心」？聽起來好像只是個動動嘴的服務臺。我都沒意見。當時我在《中國時報》常常就移民議題寫文章，幾年來總是署銜「倫敦大學伯貝克法律學校博士

生」，這博士未免也唸太久了，雖然校內英國同學都花了七、八年才拿到學位，但我覺得繼續自稱博士生愧對家鄉父老，此後發表文章就拿組織的名義當頭銜。明宜有陣子覺得叫「移民服務局」好，我就寫「移民服務局」，過陣子他想想還是可以叫「諮詢中心」，我也就如此照寫。忘了明宜總共想過幾個中文名字，也忘了最後是否定案。記得的是，他好心地在組織所在地，也是教會所在，幫我設了張桌子，我倒從來沒去過。

我還是習慣麵店的桌子。

05 倫敦四季

到倫敦求學的那年我二十八歲，返回臺灣定居時已逾四十，「鄉音無改鬢毛衰」，豈止兩鬢，髮已半白；不變的是口音，不管英語、國語或閩南語，一開口仍是鹿港腔。和陌生的英國人通電話時，幾次被問，是否來自法國南部濱海的阿爾卑斯？似乎吹海風長大的人，音調有某種共通的特色。搬家回鄉時在倫敦寓中整整打包了三十六箱，托海運送到臺灣，三十六箱盡是倫敦生活的記憶：數百卷錄下英國電視節目的錄影帶、趁書局減價時大採購的小說、我協助慈善團體處理的移民服務檔案、父母家人寄來的書信、卡片。十三年生命中最精華的年歲，不見豐功偉業，拿不出一個可以讓鄉親父老榮耀的頭銜，留下的全是這些瑣瑣

碎碎。是怎樣的因緣讓我在倫敦蹉跎十三年？

倫敦的夏天，涼爽而明亮，均溫二十度，早上五點就露曙光，晚上十點天色才暗下來。晚飯後同學們齊到小酒吧，長條凳擺在人行道上，坐在路邊啜著啤酒，一聊可以好幾小時，光陰好似整個停下了腳步，天還是亮亮的，不會催人回家。

整個倫敦城處處是歷史建物，市中心擠滿了世界各地遊客，倫敦的夏天，空氣中漂浮著度假心情的愉悅。我曾在倫敦政經學院上暑期的法律課程，每天上學途中都會穿越皇家歌劇院旁的柯芬園，奧黛麗・赫本主演的窈窕淑女，場景就在這裡，這棟新古典主義建築曾經是蔬果、花市。電影中，在花市打工的奧黛麗・赫本接受上層菁英的調教，努力地改變勞工階級的東倫敦腔，學習鄉紳貴族的口音。花市已不在柯芬園了，取代的是精品小店，遊客在這裡逛古董、飾品與禮品，周遭巷弄與廣場有街頭藝人的演奏、魔術秀。每次上學我都忍不住佇足，甚至蹺課，在聖保羅堂的階梯坐了下來，看遊客、看建築也看表演，節慶的氣氛讓我忘了課堂上的普通法，坐坐逛逛，可以一毛錢不花，一天就這樣

過去。倫敦的夏天，不是讀書天。

秋天，是新學年的開始，也是倫敦自然地景變化最大的季節。英國四季分明，讓來自亞熱帶的我驚艷，一片綠地、一棵樹，在不同時節有這麼多不同的顏色變化。像臉盆一樣大的向日葵，花瓣圍繞的葵花子已黝黑熟透；玫瑰、薔薇在氣溫陡降的秋風中依然挺立；齊腰的芒荻，草尖長出一穗穗的白荻花；人行道上的楓葉轉紅，逐漸稀疏。《琵琶行》裡面的「楓葉荻花秋瑟瑟」原來在此，每天出門可見。

倫敦多開放空間與綠地：以海德公園為中心，往東串起聖詹姆斯公園與綠園，往西接續肯辛頓花園，加上北邊的攝政公園，相當於十七個大安森林公園。這片綠帶貫穿倫敦最繁華的市中心，曾是皇室獵狩麋鹿、欣賞奇栽異卉的土地，經過五百年的演變，現在是人民的公共資產。其他散落在倫敦市各區的綠地，總面積相當於六百二十四個大安森林公園，面積是大安森林公園五倍大的就有十八個；還有把整個大倫敦市環繞起來的綠帶，面積有一九八四六個大安森林公園大。這一大圈綠，不像臺北盆地四周的山是天然屏障，而是一九三〇年代倫敦都市計

畫下的人工產物，是「保存英國鄉間」這類的運動團體幾十年來施壓於地方政府的成果。倫敦的綠，重點還不在面積，而在於不管居住在哪個角落，住的不管是工人們的社會住宅還是私有獨棟宅邸，走路一公里不到，一定會碰到綠地，不是像臺北巷路街角那樣的小公園，是讓大安森林公園失色的真公園。倫敦的開放空間，近到似乎跨一步即另有天地，甚至開窗可見。見到樹葉在秋風裡顫抖；看到天竺牡丹、美人蕉和倒掛金鐘等仍頗具姿色，一直等到霜降，才萎縮；看到松鼠、鴿群覓食。秋天在倫敦，不應該在課堂，應該走到公園，走到綠地，走到開放空間。倫敦的秋天，不是讀書天。

冬天的倫敦，陰寒日短，出門時天還沒亮，下午四點天就黝黑了。即使是短短幾個小時的白天，光禿禿的枝杈伸向的天際，總是陰沉沉，整個倫敦一片灰色。常雨多風，人行道上的落葉，在清除前，早被雜遝的腳印踏為泥濘。偶爾找間餐館享受晚餐，進出的客人開開闔闔，冷冽寒風頻頻從門灌入，菜很難保溫。

倫敦的冬天就是悶，很長的夜，很長的冷。窮學生最舒服的享受，

是排隊買折扣票，躲進劇院裡看英國的歌仔戲——音樂劇。倫敦時尚西區，女王陛下劇院經年上演《歌劇魅影》，一八九七年的維多利亞建築，裝飾繁複，在昏暗中似流動的紊雜藤蔓。音樂劇的場景正是該世紀末，劇中幽魂的男聲誘惑催眠，教導年輕的克莉絲汀歌唱：

深沉夜幕，知覺敏銳，感官強烈。黑暗擾動，喚引起想像，感官默默地放棄抵禦。抓住黑暗，領受黑暗；溫柔輕盈地，夜晚揭露它的燦爛。闔上眼，向最深諱的夢投降，思緒鬆綁。流動、降臨，甜蜜的極度興奮！觸碰我，相信我，品嚐各種感受。

魅影教的不只歌曲，而是情慾。魅影徘徊纏繞的不只劇院，磐佔克莉絲汀的呼吸與夢幻；女主角清純美麗外表下，渴望浸浴在沉淪與誘惑。或者，看看《悲慘世界》，那是個年輕學生結合底層市民，舉起社會主義紅旗的抗爭故事。看似歌頌革命，卻是在講命運的無奈與屈服，起義並不能得到救贖，唯有死後靈魂才得到宗教的安撫。最後一幕，革

命陣亡的幽魂大合唱，死亡讓他們解脫了命運的鎖鍊。劇中也有情節頗類似年輕時我在臺灣參加的學運：激進的學生裡，有個醉仙總拿著酒瓶，這使我想到在臺灣時，很多徹夜抗爭的場合，少不了的米酒頭；還有，劇中的年輕人都為革命獻身了，唯一存活的是別人談革命時他談戀愛的富家公子馬利歐，這也好像某些臺灣學運社團發生過的故事，有人忙著串連，就有人忙著戀愛。倫敦的冬天很難挨，沒有心情讀書，適合沉浸在音樂劇。

冬天，稍微令人覺得雀躍的是期待耶誕節的來臨。十一月中，倫敦各角落一一點亮耶誕燈飾；超市、商店播放起各式耶誕歌曲，宣告節慶快到來。電視節目從十二月初開始，盡是富有耶誕精神的溫馨劇情，有冷漠都市裡的溫暖點滴、有家庭從破裂到諒解的悲喜。連結著新年元旦，年終假期是尋求寬恕、甩開陰霾、重新開始的節慶。

但是對異國留學生而言，耶誕節是寂寞的。耶誕夜的早上到超級市場，生鮮架上已經一掃而空，一個人站在偌大的商場，從沒這麼冷清過。耶誕夜的街上無車、無人，可以從家家戶戶的窗簾縫間，隱約窺探

到客廳裡的耶誕樹，小小燈泡在閃亮，人多已早早休息了。Holy night, silent night。聖誕夜，寧靜夜。耶誕節當天，拆開耶誕禮物後，從起床開始就吃個不停的耶誕大餐，一直吃到下午與晚上，這是英國人家人團圓的高潮。但除非是教徒，留學生沒有沐恩在節日的溫馨。自己一人，吃著罐頭，或是家人從臺灣寄來的泡麵，看著電視上播放著女王的聖誕講話，她清晰精準的咬字中傳達愛與關懷，她的白髮和堅毅的神情告訴你，再大的災難她都見過，讓你覺得這個勇敢的國家有能力告別不幸的憂傷，繼續面對挑戰。倫敦耶誕節的街景，沒有瑞雪豐年的意象，三十多年來，只有在一九九六年的耶誕有雪，耶誕節的白天如同倫敦冬天的任何一天，陰冷灰黯，只是更加蕭索冷清。

耶誕與新年過完，理論上就開始期待春天到來，實際上漫長的陰冬還沒完，對英國人來說，耶誕的歡樂過後，還要挨四個月，才到下個節慶——復活節，那時才會感受到一絲春天將來的氣息。

這是最沒心情工作的四個月。對於在英國的俄羅斯朋友，新年過後還有個俄羅斯新年，長冬裡多個可以狂歡的藉口；對華人而言，一月底

二月初的中國新年，更令人期盼，不用上課的博士生有些在此期間回趟臺灣，躲避倫敦長長的嚴冬。一直等到四月，才開始見到鬱金香等球莖類的植物，從泥土中冒出嫩芽，這時開始期待夏天的到來，著手規劃夏天假期的旅遊與度假。莎士比亞有情詩：名為《我該將妳比擬為夏天嗎》，寫的是戀人，卻也是英國人在寂寥春天裡，對夏天渴望的心情。春天雖說日頭已漸長，但還是徹夜寒冷，春天當然不是讀書天。

倫敦的春夏秋冬，天天不是讀書天，如此年復一年，「少小離家老大回」，倫敦任我蹉跎十三年。

06 西裝流氓

倫敦四季，都不是讀書天，但我的法律服務工作，卻是有季節性的。夏天是留學生搬家的旺季，像螞蟻成群地找巢穴，這時節租屋糾紛特別多，一起留學英國的臺灣朋友們會拿他們遇到的案子找我討論。

念資訊的阿鴻、念法律的智宇，還有兩位臺灣學生共同租了房子，他們找仲介公司，月租六〇〇鎊，一開始仲介先收了：

仲介行政費 Administration Fee　一百七十五鎊
推薦費 Reference Fee　二十五鎊
保證人費 Guarantor Reference Fee　二十五鎊
房子清點費 Inventory Fee　六十五鎊

信用查證費用 Credit Check Fee　　二十五鎊

人還沒住進房，就先花了三百一十五鎊，外加一個半月房租當押金。住了一年半後，大家各奔東西，要退租了，仲介扣住部分押金不還，說地毯有磨損，局部修補要一二〇鎊；浴缸不夠乾淨，需要請專人打磨，六十五鎊；整個房子需要請專業人員打掃，包括洗地毯、粉刷部分牆壁、洗窗戶，共四八〇鎊。阿鴻很火大，跟仲介吵說，錢不能扣，牆壁他自己買油漆來漆，地毯他來補，房子一定會打掃。學法的智宇態度則較猶疑，他指出當初租賃契約上有註明：「損耗要賠償，交屋時必須『有專業程度的清潔』」智宇認為仲介的某些要求有其道理。

阿鴻與智宇向我述明詳情時，吵了起來。阿鴻就是不服氣：「為什麼我不能自已把房子掃乾淨？」

智宇反覆強調：「人家仲介很專業，契約上寫得很嚴謹。我看過專業清潔公司清潔過的房子，跟一般人自已掃一掃，真的不一樣，聞起來有新裝潢的味道。」

阿鴻：「可是剛剛威全才說可以不管契約的規定，我們自己打掃就可以，他也是學法律的。」

智宇：「可是他在臺灣不是念法律的，來英國才念的。」

呃……的確，我學的法律與智宇學的，很不一樣。

我讀的第一本英國法律概論，第一章第一頁談的是俠盜羅賓漢，非法之徒的他，所作所為該如何評斷？書裡花了篇幅討論「法」是否代表正義。我曾看過臺灣國家考試的法學緒論題目：「下列何者非屬中央法規標準法第五條規定應以法律規定之事項？」拿著中央法規標準法來定義什麼是「法」，談的是不同層次的東西。

我請阿鴻通知仲介要全額退還，一毛錢都不能少，否則提告，到時候連訴訟費都要仲介公司出。在英國打民事官司程序很簡便，上網填個表格，信用卡線上支付訴訟費用六十鎊，按下送出鍵，就算提出告訴了。阿鴻聽我話，寫信給仲介公司，掛號寄出，信裡強調已準備好提告的文字，若一週內沒有得到合理答覆，就網上提出告訴。過幾天，阿鴻拿到所有的押金。

道理其實頗簡單，人住在房子裡，除非有明顯的破壞，「合理的損耗」是正常的，法律上叫做 reasonable wear and tear，房東或仲介不能以損耗為藉口扣押金。房東若想漆油漆、換地毯，讓房子賣相佳，房東自己出錢，不能找房客麻煩。我跟阿鴻說，若押金被扣了，也不會真的拿去油漆或換地毯，錢都進了仲介的口袋。智宇對於還屋時必須「有專業程度的清潔」還是有他自己的看法，他主張仲介有權依契約做此要求。我解釋說，英國普通法沒有專業程度的清潔這一回事，只有「合理的清潔」；「專業程度的清潔」是仲介公司自己發明的名詞用來訛詐的。別看仲介公司的經理、職員永遠西裝筆挺、紳士模樣，慢聲慢調、娓娓說明，英國報紙調查哪些行業最奸詐耍流氓，仲介公司常排名第一。不全額退還租金已經成為這個行業的慣例，總是找藉口扣東扣西，甚至很多房東也仿效。英國《衛報》報導租屋者的處境：「在英國租屋者別想要全額拿回租金，惡習竟然成為風俗。」

仲介實務上，就算請清潔公司作專業的打掃，也未必比自己打掃乾淨。我的前房東便是清潔公司經營者，常常接辦公大樓的清潔案，聽起

來很了不起，其實兩人公司而已。他們洗窗戶時就肥皂水塗一遍，然後把水漬刮乾淨，跟加油站員工免費洗車窗的手法一模一樣；洗地毯，用的是大馬力的專業吸塵器，吸頭會噴出微量的消毒水，噴、吸同時進行，整個地毯吸一次，聞起來有化學藥劑的味道，就算洗過地毯了。

我的說明讓智宇對仲介與清潔兩行業的專業形象一次幻滅，原來他心目中溫文優雅、一板一眼的英國社會，真實情況如此不堪。不知是他個性太乖？還是他在臺灣的法律訓練讓他堅信契約的效力？或者他崇敬英國此一西方文明上國，認為我們來自遠東開發中國家者，應該好好遵守人家的社會規範，不要丟臺灣人的臉。

因為智宇相當臣服於仲介公司擬定的定型化契約，我發現，他們幾位留學生從一開始，就交了不少冤枉錢給仲介。我一條條檢視當初仲介的收費：

仲介行政費一百七十五鎊，這沒什麼好說的，仲介費可高可低，每家不一樣，有的人會殺價，臉薄的臺灣學生想當紳士淑女，不想被白人當作菜市場喊價的大叔大嬸，那就乖乖接受。

推薦費二十五鎊，這就莫名其妙，到底是誰推薦誰，要收二十五鎊？阿鴻說，當時仲介表示，在英國租房子，房客都須出具推薦信給房東，以證明自己循規蹈矩、值得信賴；推薦信有的是找前任房東寫，有的是找職場上的上司寫。因為阿鴻、智宇等人是學生，加上有人是第一次租屋，無法提供介紹信，所以仲介公司願意當他們的推薦人，以仲介公司的名義向房東推薦他們，但出具此信要收費二十五鎊。我說，那你們不會找我寫推薦信？寫幾句話就有二十五鎊，這錢我來賺。阿鴻說他有請系上寫信證明，但仲介不接受。其實推薦信這東西可有可無，若房東真的有此要求，仲介與阿鴻等人素昧平生，又憑啥資格寫推薦信？

保證人費二十五鎊，也是仲介索錢的藉口。仲介的理由是阿鴻等人無法找人出具推薦信證明他們有付租金的能力，所以由仲介出具證明以做保證。這當然是胡說八道。在英國的租賃關係裡，學生房客有時會被要求提供保證人，保證人一般是學生的父母，當學生付不出房租時，房東可以轉向學生的父母收錢。阿鴻等人萬一真繳不出房租，仲介公司又不會代為償還，那憑什麼收這保證人費二十五鎊？

信用查證費用二十五鎊，仲介的說詞是，為了瞭解阿鴻等人真有付租能力，所以得花錢查證他們的信用。事實上，阿鴻等人有的才來英半年、有的三個月不到，在英國哪有什麼信用紀錄？仲介如何查？了不起請阿鴻等人提供存款證明讓仲介看一眼，這也要錢？在英國如果在同一個地址居住一段時日後，的確是會有信用紀錄：有無貸款、有無申請信用卡以及有無地方民事法庭判決紀錄，這些資料都在裡頭。要查很簡單，只要一鎊，把支票寄到信用紀錄參考公司，他們就會把你的信用紀錄寄給你。我懷疑仲介公司連這一鎊都沒花，所謂信用查證費用二十五鎊，簡直是訛詐。

房子清點費六十五鎊，通常是租期到了，仲介幫房東清點時向房東收的費用；有的不會收，因為已經算進仲介向房東收取的仲介費裡了。阿鴻等人，並非房東，而且還沒搬進房，何須支付清點費？實在沒道理。

總之，仲介那些用黑體字列印出來的專業條目，裝腔作勢，找藉口亂收錢，都不是法律規定房客必繳的項目，阿鴻等人可以不用給的，談不攏就走人，反正仲介滿街都是。

我比較好奇的是智宇的心態。動不動把「人家英國都怎樣怎樣，我們應該如和如何」掛在嘴上的臺灣留學生，他不是我遇到的第一位。昔時中國俗諺：「車船店腳牙，無罪也該殺。」沒跟車夫、船夫、客店、腳夫與牙行打過交道，不知江湖路途苦；英國也一樣，什麼是真實的英國社會，真的得和仲介、水電、二手車商、修建築的，以及電器商等打過交道，才能窺見一斑。

我曾在英國的連鎖家電大賣場CURRYS買洗衣機，挑市郊的大賣場是以為大公司較有制度，價格標示清楚，不會坑人。我預算有限，但有備而來，手拿著消費者協會發表的各牌洗衣機評比慢慢逛，找到需要的機型了，標價二百六十五鎊，含運費。看我挑定了貨物，銷售員緩步過來，開始推銷保險。他指著標價牌上的文字，上面寫保固一年。他強調，公司政策鼓勵客人加買兩年保險，三年內有任何問題，保證免費維修，零件、工資與到戶搬運，都包，保險費一百二十五鎊。我不為所動，他善意強調保險的重要。他說，英國人工貴，保固期過了若發生故障，找水電工起碼六十五鎊一個小時起跳，再加上耗材，修理起來一、

兩百鎊跑不掉，花的錢簡直可以換部新的了，而保險費一年才六二・五鎊，小錢買心安，很划算。我還是說謝謝，不要。銷售員繼續遊說，放低姿態。

他說：「售價二百六十五鎊加保險一百二十五鎊，本來是三九〇鎊，保險費不能打折，但洗衣機可以算便宜點，三九〇可以算三五〇。」

我說：「既然洗衣機可以折扣，那我不買保險，洗衣機算我二二五，如何？」

他搖搖頭。原來在大賣場買電器可以殺價，這點英國與臺灣沒什麼不同。至於保險，我不要就是不要，銷售員嚴肅地重複保險的重要，有點訓示我的味道。

其實保險是多餘的，依法，賣家對於販售的產品本就有長期保固的責任。英國普通法和貨物銷售法皆有規定，所有貨品都必須具「令人滿意的品質」，電視、冰箱、烤爐、洗衣機等，賣家有責任確保合理的使用年限，在使用年限內發生故障，除非是使用者的疏失，賣家應維修或更換，或者退還全部或部分貨款，負責到底。至於所謂合理的使用年限

是多少年，若是傳統家電，法官的判決多認為五、六年。貨物銷售法則沒有規定貨物的合理使用年限，但保障了英格蘭的消費者可以在購買的六年內，提出維修、更換或賠償的要求，在蘇格蘭則是五年。意思是，一個家電如果不能讓消費者安心使用個五、六年，那表示品質有問題，竟然還敢拿出來賣。因此，英國消費者團體常呼籲，買家電時不須加買延長保固，保固本就是消費者的權利，不用花錢。

但我還是多花了十鎊加買了安裝服務。因為原價二百六十五鎊，只管運送不含安裝，我自己不擅安裝，怕搞砸；請水電工安裝，起碼六十五鎊，這十鎊值得花。

洗衣機送到家了，兩個壯漢依我指示扛到定點。安裝呢？壯漢A踢了踢固定在牆上的水管，說這管子有點鬆脫，不符合安裝規定，所以他無法安裝。壯漢B安慰我說，十鎊安裝費他們會退還。理由很胡扯，但意思很明顯，他們就是懶得裝。看起來，CURRYS賺走的安裝費，對搬貨的員工沒好處，只是多花時間做白工。態勢很明顯，我只好認了；何況，兩個壯漢加起來超過四〇〇磅。

早知道我就到鬧區的小家電行買，店老闆兼水電工，他們的標價都包含安裝，雖然比較貴，但一次搞定省麻煩。不過我有我的辦法。送走兩個壯漢後，打電話找來水電工，他花了十多分鐘裝好了，我付了六十五鎊。邊裝邊聊，我說了CURRYS的員工強迫推銷保險，不知多少消費者因此屈服、多花冤枉錢；他說賣保險可以抽成，比業績獎金還高，這同行都知道。水電工裝好了，機器一切運作正常，我寫了信，附上水電工開給我的六十五鎊收據，要求CURRYS賠償。信裡我強調，CURRYS的員工訓練要加強，懶得安裝，要搪塞，拜託發明個比較好聽的藉口；拿那麼爛的理由來敷衍，實在污辱我。信裡照例寫說七天內不見回覆，我就上網提告，屆時CURRYS還得付裁判費。很快地該公司寄了張七十五鎊的支票來，並表示道歉。

寫信、威脅提告，然後得到賠償，這是我遇到消費糾紛、應付西裝流氓的一貫手法。感謝英國司法體系設立的網上提告服務，用鍵盤就可以打官司。這套網路系統著重司法服務的可及性（accessibility），強調司法要讓民眾容易接近、司法文書要讓民眾看得懂，才能真正彰顯正義。

07 法律漏洞

英國的司法體系是封建與激進的混和體。面對高等法庭、上訴法庭與最高法庭的法官，一定得稱呼他們My Lord或是My Lady，中文可以翻成「閣下」，但真正的意思是：「我的主人」。此一封建社會中對貴族勛爵的稱呼，讓百姓在法庭裡自居為奴僕，以襯托法官的尊貴。對法官搞錯稱呼，外行、不專業，法官可能皺眉，也可能訓斥。在庭上，律師可以對證人說早安，以緩和緊張的氣氛，但切忌向法官道早安。英國法界流傳著幾年前發生在上訴法庭的事件：有律師在申論時，開頭便說：「Good morning, my lords.」（「早安，我的主人們……」）主審法官不客氣地馬上打斷他的發言：「我們在此要聽的是你的陳訴意見，不是氣

象報告。」

但是在法庭裡，判定一個人有罪無罪的刑事案件中，真正決定者不是法官，而是陪審團。陪審團應該翻譯成審判團才對，其組成的緣由，就是認為嫌犯的禍福存亡應該由所在社區的同儕百姓來決定，而不是由高高在上的法官定奪。司法主權在人民，不由專業的法律人所掌控，形式封建的英國司法，本質蘊含著激進的階級意識。

司法不應淪為專業霸權，這種想法在英國司法實務上常常可見。例如英國司法系統與民眾往來的各式文書、表格都力求語言簡單、平易，讓民眾可輕易看懂，因此整個司法系統得到了英國「水晶標誌」的認證，意味著司法系統使用的語言非常直白，如水晶般透明。英國的線上求償、網路提告服務，也講究對使用者友善，當使用者網上提告時，網頁會特別提醒：「請述明基本事實就可以，不要引述法律規定。」意思是，做為平民百姓，你只要覺得自己在道理站得住腳，就可以提訟，這是你的權利，你不須懂法律；至於你的主張符合哪些法律規定，這方面由法官來幫你。英國便民的網上提告系統如果引進臺灣，一定很多人跳

腳，認為訴訟會更氾濫；但英國政府統計，這個網路訴訟服務從二〇〇二年上線以來，處理了七十五%的金錢訴訟案例，疏緩了司法系統的負擔。

與倫敦服務業打交道，常得用鍵盤打官司，但偶有例外。我也有遇過覺得窩心的例子，曾收到一瓶西敏寺銀行贈送的紅酒，頗感驚喜。原來是銀行太晚把我要的支票簿寄來，主動表示歉意。支票簿裡的支票，張張都有編號，支票快用完時，不用索取，銀行就主動寄來；這次支票用罄卻不見新的支票簿寄來，忍不住打電話去催。在電子支付、網上支付還未盛行的年代，小商家看到信用卡就皺眉頭，有的不收，有的收，但額外加收五〇便士手續費；支票就沒這問題。不想身上帶太多現金，支票便成為離不開的生活必須。到餐館外食、打電話叫外賣、付學費、付房租，支票常常開，多是小額消費，月底接到銀行寄來的帳戶支出表，花了多少錢一清二楚。

西敏寺銀行的善意，讓我回憶起初到英國時開戶的便利，那時還沒找到固定居所，就以學校所在當聯絡地址，校方行政人員在銀行的開戶

申請表上幫我寫兩句話，簽個名證明我是該校學生，加上護照，即使上面的入境簽證只有四個月，西敏寺銀行就開了戶頭給我，提款卡、支票簿俱全，還加上兩張信用卡，稍後郵寄送達。可惜這種便利沒有維持多久，三、四年後，同樣是留學生，要開個戶就相對困難，學生簽證時間太短的、無法提出居住證明的，一定吃閉門羹，就算證件齊全，也未必都能開戶成功，就算成功開了戶，常常是基本戶頭，只能存款、提款，沒有支票簿與信用卡。

三、四年間英國的銀行實務如此不同，可能的解釋是之前吃盡了留學生的虧，所以銀行變嚴格了。我知道的臺灣留學生，唸了一年碩士，回臺前就把信用卡刷爆一走了之的，便不只一位。也有人認為是二〇〇〇年後大量湧入的大陸學生，使得銀行對於外國學生戒慎恐懼起來，我不以為然。新來的大陸學生和在一九九〇年代來的大陸學生很不一樣，後者人數少，多是拿著獎學金來唸碩、博士，生活消費樸實；而新來的大陸學生唸大學部或貴族中學的多，個個衣飾光鮮，手上拿著最新款行動電話閃閃亮麗，帶著大筆旅行支票來花。因為這些大陸小留學

生，一向以英國人為主顧的中國城，竟然開了間火鍋專賣店，西方人不懂得吃火鍋，這店當然是靠新湧入的大陸學生才撐起生意，可見其消費力驚人。他們應該是銀行想拉攏的客群，我不以為是他們讓銀行縮緊了規定。

我的太太，當時是我女朋友，就曾拿著她的日本護照與就學證明找了好幾家銀行，開戶都被拒。後來我把我住處的電話改到她名下，三個月後她拿著三個月的電話帳單做為地址證明，才在一家住宅金融合作社成功開了戶。住宅金融合作社類同臺灣的信用合作社，銀行該有的功能一應俱全。她有了戶頭，可惜合作社不發給信用卡，信用卡有無，其實會影響消費者權益。英國消費者信用法第七十五條規定，當消費者用信用卡購物，只要價值在一〇〇鎊與三萬鎊之間，信用卡發卡銀行和賣家負有同樣的法律義務。我曾上網用信用卡買錄放影機，結果寄來的機器功能、規格與網上的描述不符，到手的這部機器無法錄下電視上的字幕。透過電郵我要求賣家更換，賣家搞不懂問題出在哪裡，拒絕退貨。這也難怪，英國人看電視沒有使用字幕功能的習慣，不能理解我的堅

持。我轉而要求信用卡銀行退款，銀行很乾脆地同意，錢退還到我帳戶幾天後，賣家便請貨運公司來取回貨品。

英國消費者信用法第七十五條被稱做消費者的祕密武器，該法條認為，只要用信用卡購物，銀行與消費者之間就形成了債主與債務人的信用關係，當賣家賣的貨物有瑕疵，或提供的服務不足，導致消費者權益受損，基於債主與債務人的信用關係，銀行連帶有賠償責任。祕密武器之所以祕密，是因為很多消費者不知有這條法律；之所以稱為武器，是因為銀行面對類此爭訟都比較乾脆，先退款再說，之後他們再找賣家算帳。這條款很好用，幾次我自己或是朋友遇到的購物糾紛，我都跳過賣家，直接找銀行，迅速結案，省得官司糾纏。

對於以就學名義來打工的學生來說，有沒有信用卡不重要，但非得有個戶頭不行，例如「帝國學院倫敦」這家補習班的學生們，我認識的好幾位，就是開不了戶頭。有的是房東不配合提供租賃契約作為住所證明，有的是資料一應俱全，銀行還是拒絕，我怎麼幫都沒用。來自智利的艾玲與玻妮塔為了開戶，比什麼還急，飄洋過海想存點錢，有戶頭不

只是較安全，重要的是雇主給付的薪資，有的用支票、有的用轉帳，才有個去處。後來教她們商業英文的智利同鄉羅德里哥打包票幫忙，但索價一人一〇〇鎊。艾玲與玻妮塔把護照與資料交給他，果然戶頭就開成了，學生間謠傳羅德里哥有朋友任職銀行，一〇〇鎊兩個人分的勾當進行好陣子了；也有人說羅德里哥瞭解銀行的運作，懂得鑽漏洞。

我無從得知羅德里哥發現了什麼漏洞，但英國社會的確到處都有漏洞，因為實務經驗多，我都可以出版一本漏洞大全了。例如和銀行、地方政府打交道常得用到的地址證明，就頗容易造假。申請裝室內電話時，向電話公司報個阿狗阿貓的名字，之後帳單上就會出現阿狗阿貓，此後就可拿著這份帳單作為「阿狗阿貓在此居住」的地址證明，英國的信用稽核資料庫裡，該地址上也就憑空出現了一個叫阿狗阿貓的人。

又例如，英國人約翰如果要跟臺灣人小婷在臺灣登記結婚，依臺灣規定約翰必須出具的「單身證明」，也是一個漏洞，這紙證明只能證實約翰在英國的註冊辦公室裡沒有婚姻紀錄，無法百分之百保證約翰在法律上真正單身。我還發現有更大的漏洞，涉及到英國外交部與臺灣駐英

代表處的文書驗證，因為這兩個單位蓋上的鋼印都只是形式認證，不涉及文書實質內容的審查。我發現的這個漏洞頗大，大到卡車都可以穿越。這些都還是照著規定的程序就可以鑽營的漏洞；膽子大點的人，利用電腦剪剪貼貼，然後彩色印表機列印出來，學校的註冊證明、水電帳單、公司的雇用證明都可以做出來，這些招數在英國謀生的外國人，常常會用到。

我不知羅德里哥是否偽造了證明，但我知道街坊裡有人提供造假服務，五〇鎊一張。因為臺灣同鄉明宜大哥常陪著華人朋友們跑銀行開戶，我曾半開玩笑地提醒他，任何文件不要圖方便而自己偽造列印，水、電、瓦斯的帳單要換個人名很簡單，寧可慢慢等個幾個月，用貨真價實的原件。後來他的案子爆發，發現他果然沒聽我的話，在六〇〇〇頁的起訴檔案中我看到幾份用來申請銀行戶頭的偽造水費單，不過控方沒起訴這項，因為開個戶頭，沒有造成任何人的損失。

明宜被警察查扣的證據中，還有一頁密密麻麻的人名，每個人名旁用中文寫著「黑馬」、「獅子」、「老鷹」、「三角」等代號，還加上

一串串數字，讓警方特別警惕。後來警方查證，「黑馬」、「獅子」、「老鷹」、「三角」不是幫派暗號，而是明宜等人幫各家銀行取的代號，以方便不懂英文的朋友。艾勞埃德銀行的商標是匹黑馬，所以就以黑馬代稱，獅子則是米德蘭銀行的標誌，老鷹指的是巴克雷銀行，而國家西敏寺銀行標誌與三角形有點像，就以三角稱之。

英國勞動與年金部會盯上明宜，還是因為他協助過的案例中，有兩位除了用不實文件開戶、取得「國家保險號碼」之外，還進一步申請了社會福利津貼，包括明宜自己也是，他用約翰・懷特的名義假裝是他岳母的房客，用捏造的租賃契約申請住房津貼。他騙英國政府的錢，但對於找他幫忙的華人們，倒是都沒收錢，調查官的筆錄裡提到了這點。我也打聽過，偽造書信、帳單，一張五〇鎊的地下行規，明宜沒收過。

08 斃命貨櫃

二〇〇〇年六月十八日，英格蘭多佛港（Dover）海關，五十八位中國非法移民悶死在大貨車的貨櫃，慘烈的景象震撼歐洲，斗大黑體的標題佔據了各大英國報紙的頭版，輿論引述調查單位的說法，推論死者是如何地掙扎、窒息，絕望地走向地獄。五十四位男性與四位女性被發現陳屍在一個十八米長，密閉的貨櫃裡，伴隨屍體的是一箱箱掩人耳目的番茄。這輛荷蘭籍的貨車從比利時的澤布魯日港上渡船，越過英吉利海峽，抵達英國的多佛港，被海關攔檢。開啟貨櫃門時，一股悶熱臭味襲鼻，僅存兩位男性躺靠在門邊喘息，掙扎渴望著空氣。被這煉獄景象嚇到的海關官員稍後接受心裡輔導，協助他們面對這迎面撲來的夢魘。

六十位移民估計躲在貨櫃中有十八小時，每個人只能綣屈在一張報紙大的空間，那幾天異常地熱，長時間日頭直照，造成了脫水；貨車司機怕海關人員聽到貨櫃裡的聲響，關上了通氣孔，造成窒息。這是他們每個人付給人口販運集團二十萬人民幣後，得到的待遇。六十位移民來自福建，是中國大陸出走海外移工潮的一部分，英國境管資料統計，二〇〇〇年時，每月申請庇護的中國移民有五〇〇名，是過去的兩倍，在此同時，工黨政府也正緊縮英國的移民政策，一方面加速遣返的程序，同時提高庇護的門檻，百分之九十五的中國移民被拒絕居留，一連串措施驅使中國移民不再搭飛機、搭船入境，改採偷渡，成功的比率還比較高。英國的非法華人移民人數，在歐洲國家中最高，非法移民提供的廉價勞動力增強了英國經濟的競爭力。

是誰創造了非法移民的市場？同為英國人眼中的「華人」，我等留英學生們在網路上、私下地交換看法：長得跟我們一樣黃皮膚黑頭髮，他們怎麼會如此命運乖舛？面對英國朋友，有的臺灣學生急著解釋：「臺灣人不是中國人」。長期的反共教育，讓臺灣學生可以理直氣壯地

譴責中國政府，對貧窮落後的共產中國表示不屑，強調中國人非我族類。有的臺灣學生較人道心腸，面對英國人的關心有點尷尬。就好像電視上播出臺灣國會打架時，英國人問說：「到底怎麼了？」臺灣學生總有點手足無措。

何須尷尬？國會打架總比英國常常打仗侵略好多了。多佛慘劇也是，紡織、食品加工等英國資本，非法雇用移民勞工，結合人蛇集團騙他們英國黃金遍地，是應許之地，然後拉下鐵門，給予低於資本工資的工作條件，膳宿像集中營。是誰創造了非法移民的市場？誰該羞恥？

撇開道德譴責，看看一些數字與事實。慘死的移民恰好不是窮人。為了偷渡，他們必須籌資至少兩萬英鎊，給付給中國與歐洲的人蛇集團，這個數字代表他們的信用能力。也就是說，他們過去生活的儲蓄加上他們在中國大陸的借貸能力，再加上他們未來的工作能力，他們每人至少有兩萬鎊的身價，而這個數字是偷渡集團決定的，也就是一個經過計算、貼近現實的市場價值。而在英國，七%的失業人口加上六%信用有問題的人，是連貸款資格都沒有。按照市場規則，信貸能力愈高的人

愈富有，因此實際上，這些偷渡客比十三%的英國人還有錢。別忘了，英國的人均生產毛額有三萬多美元，所以在世界市場尺度上，這些死者並不窮，在英華人無須為了有這些「窮」同胞而覺尷尬。

另個事實也該澄清。臺灣眾媒體報導，說什麼英國的福利制度好，所以吸引非法移民。事實恰相反，如果偷渡是為了享受社會福利制度，一定得先申請庇護、取得身分，而在尋求庇護階段，享受不到什麼英國的福利制度。尋求庇護者，有的被限制居所，不能自由活動；有的政府不給現金，只有食物點券，生活情況只會比他們在自己國家還糟糕。就算取得身分了，好手好腳沒家累的，申請社會福利根本過不了。所以，移民不是為了享受福利而來。

講白了，偷渡是要來賺錢的。花了大把銀子偷渡而來，光靠社會福利救助，如何攢錢與還錢？偷渡者是勞動者，非被救助者，他們是英國經濟發展的貢獻者。

為何這種現象在中國的改革開放之前少發生，而在一九九〇年代全球化的熱潮下頻頻出現？什麼因素形成了移民勞工市場的存在？一方

面，改革開放造就了中國驚動世界的經濟奇蹟，成為開發中國家欣羨的典範，但這個成就是奠基在農村的破產上：國營企業被支解、社會安全網崩解，農村青年或到珠海、東莞陪臺商睡覺，或者冒險遠渡重洋，他們匯回農村的錢讓老家得以繼續生存，基礎建設得以維持。所以，評議多佛慘案的臺灣學生不應不屑中國的窮，應該「佩服」中國政府此種犧牲人民以致富的手段。

另一方面，全球化熱潮，跨國資本全球四處流竄，理想的情況下，資本會跑到每個有勞工的地方。但是，資本主義的全球化從來就不是這樣，資本不會跑到窮鄉僻壤先造橋鋪路通水電。因此，資本流動，勞工不得不流動，資本更刻意地徵召這種人流。資本流動靠電匯，人流靠腳、靠船、靠車、靠偷渡。「全球化」、「自由化」對資本是有差別待遇的，英國的紡織、成衣、食品與農場等中小企業，許多無法像大資本企業一樣，前往印度、菲律賓、香港，他們留在英國。沒有便宜的勞工怎麼辦？人蛇集團就當起外勞仲介公司了。移民勞工們，不幸的死在路途，未死的，他們的雙手生產了臺北街頭四處可見，「MADE IN

ENGLAND」的英格蘭西裝毛料。多佛慘案的屍體和你我身上的西裝屬於同一條生產線，差別只在，他們是瑕疵原料。

談英國多佛慘劇，其實是在評論臺灣自己。只從臺灣民族主義的立場看待此案，只會更僵化我們既有對中國大陸「落後」的刻板印象。更重要的是，臺灣沒有多佛慘案嗎？一九九〇年的閩南平漁船慘案，大陸人也是被悶慘死，不同的是，前者是入境，後者是遣返；前者悶死人的是貨運司機，後者是代表臺灣官方的國家軍隊。二十六名福建人被臺灣軍警趕入一公尺多高的狹小船艙中，然後封死頂蓋，二十五人被活活悶死。英國媒體一片譴責歐洲人蛇集團的暴利，那臺灣呢？東南亞移民勞工在臺灣工作，頭一年半賺的錢都在還債給仲介，臺灣政府該如何面對？

二〇〇一年的春天，多佛慘案在英國皇家刑事法庭審判，生還者在庭上的證詞確認了偷渡者每人付給人蛇集團的價格是兩萬英鎊，從此開始了他們的死亡旅程。他們一小群、一小群地先從福建搭飛機到北京，再持合法的護照從北京飛到南斯拉夫首都貝爾格勒，在貝爾格勒他們被

藏匿在一處居所，每個人拿到一本偷來的、經過變造的亞洲護照，大部分是韓國護照，然後被送到匈牙利。接下來被分批載在廂型車裡，經過奧地利、法國，抵達荷蘭，藏匿在鹿特丹郊區的倉庫裡，六十人匯集，一起等待機會前往英國。搭上貨櫃時，鹿特丹的人蛇集團與貨車司機準備了個水桶，當作廁所，也準備了水，但很快就喝完了。當貨車快抵達口岸時，司機關上通氣孔以躲避海關的檢查。貨車駛上渡輪後，司機停妥車子，到餐廳享受了頓晚餐並看了兩部影片，就在此時，貨櫃裡的空氣漸漸耗盡，原本虛弱的偷渡者開始慌張，他們移開一箱箱的番茄，踢門、喊叫，但沒有人聽聞，直到一個個昏迷、死去。

五十八條人命，貨車司機被判要為每條人命服六年的徒刑，但刑期可以合併執行，並因為共謀犯罪，要服八年徒刑，他總共被判十四年；同時在英國的一位華人翻譯，她擔任這六十位移民的在英聯絡人，也被判刑六年。

09

DVD浮屍

又到夏秋交替之際，留學生忙著搬家、換室友或打包回臺，就在我著手處理幾位臺灣留學生的房租糾紛時，倫敦市街逐漸浮現了沿街兜售盜版ＤＶＤ的族群，全是華人。

我住在東倫敦，工人階級與移民匯集的區域，三百多年來，這裡就是移民落腳英格蘭的首站，先有來自法國的新教徒，然後是猶太人、愛爾蘭人、俄羅斯人與東歐的斯拉夫民族。貧窮的移工、在地幫派與色情產業曾在此另成一個世界，是倫敦警察廳無力管束的區域，一八八八年時，此處的暗巷有開膛手傑克的詭秘蹤跡。二次大戰後，印、巴裔移民大量湧入，為倫敦東埠更添多元色彩，此後這裡就一直是英格蘭最具文

化多樣性的地區。

我居住的紅橋自治市（London Borough of Redbridge）在東倫敦偏北，在這地盤上兜售DVD的，一整年下來我見過三個人，一男兩女各有地盤，一個在鄰近火車站的鬧區，其他兩個分佔餐廳、藥妝店、超級市場聚集的市街。提著一個塑膠購物袋，裡面裝滿了一片片的電影DVD，他們會走進餐廳，推開雜貨店的門，或者佇在車站旁的通道，對著裡面的顧客、往來的旅客，輕聲叫著DVD、DVD、DVD。有時，膽大一點的會走入住宅區，一家家敲門，或到超級市場旁對進出的消費者喊賣，直到超市的警衛現身趕人。

他們袋子裡面全是熱門院線片，九成是好萊塢電影，有的在美國才上映，英國電影院還看不到。倫敦不與好萊塢同步，這很平常，除非是像《哈利波特》這類有濃濃英國元素的電影，美國院線片總是在上映好幾個月後才在英國看得到；不像臺灣的電影院，常與美國同步上映好萊塢片子，臺灣人與美國人不同文不同種，但追隨美國文化亦步亦趨。盜版DVD因為片子熱門，頗受歡迎，儘管常常品質不怎麼樣。有位

ＤＶＤ販者劉琴是我法律服務的對象，她就曾一手抓了七、八部片子送我，我看了，其中五部還頗清楚，英文字幕功能也正常。一片ＤＶＤ賣一英鎊，買的人實惠；現金交易，賣的人獲利豐。我問劉琴，她說未必天天都出門賣，但一出門，一天可以賣超過百片，算算收入是英國規定的最低基本薪資的兩倍。

賣ＤＶＤ的華人族群很快就一小撮一小撮地，出現在英國各處市鎮：「ＤＶＤ，ＤＶＤ，ＤＶＤ……」ＤＶＤ成為華人的代名詞。我住的地方黃臉孔稀少，就曾七次走在路上，被英國人朝著我戲謔地叫我ＤＶＤ。

第一次是走在住宅區裡，街道對面的人行道上一個中年白人與我相向而行，他步伐輕快手裡拿著串鑰匙，隔著不算寬的馬路衝著我戲謔地喊ＤＶＤ、ＤＶＤ、ＤＶＤ，喊著喊著自己高興地笑了起來。我震驚而不知該如何反應。他的笑臉讓我想起小時候念國中時，班上來了位美國學生，在一九八〇年的彰化市，來了個白人是稀有的事，一下課，各班學生都跑來我們班看外國人，他走到哪，一群人就圍觀到哪。我停下步伐

楞著，看著喊我ＤＶＤ的白人走到一部賓士轎車旁，開了車門坐上駕駛座，車子引擎啟動了，車裡的音樂隱約傳了出來。我跨過馬路走向他，敲了三下車窗要他搖下窗來。「你為什麼叫我ＤＶＤ？」我一臉不爽。他原本歡欣的神情有點慌張。「為什麼叫我ＤＶＤ？」我又問了一次。「因為中國人都在賣ＤＶＤ……」，他坐在車裡，身高超過一八〇，聲音卻有點顫抖。「你應該道歉。」我看著他，心裡也怕他突然開車門出來和我吵架甚至揍我一頓。還好他沒有。

「對不起。」他的聲音微弱。「ＯＫ。」我這樣回了他，然後就轉身離開。

第二次是我走過公車亭，三、兩人正在等車，一個傢伙，白人，對我衝口而出「ＤＶＤ、ＤＶＤ、ＤＶＤ……」，我停下腳步，回敬他：「You are a racist.（你是種族主義者。）」，在英國社會這是很嚴重的指控，他一下子被激怒了：「中國人都在賣ＤＶＤ！」公車站旁剛好有家越南餐廳賣中餐，我指著餐廳：「裡面都是中國人，他們也在賣ＤＶＤ嗎？」我猜他一定搞不清楚越南人與中國人的差別。反正我和他就大聲

吵了起來，我並不特別勇敢，敢吵是因為身在鬧區，估計他不敢動粗。「電視節目『罪犯通緝』裡被通緝的都是白人，所以白人都是罪犯？」我質問他。我邊吵邊估量周遭形勢，如果他出手，我就趕快閃入越南餐廳裡。吵到公車來了，他就上車了。

有一次的經歷最奇妙，在烤雞店排隊點餐時，一位印巴裔的青少年走向我：「請問你賣ＤＶＤ嗎？」「沒有。」我的聲音有點不高興：「為何你這樣問？」他說，他是真的想買ＤＶＤ，看到我是華人，猜想或許我有管道：「如果你覺得受到冒犯，我很誠摯地抱歉，我沒有其他意思。」

ＤＶＤ成為華人的代名詞，在英華人都感到惱怒。我曾目睹中餐館的經理不客氣地把推門兜售ＤＶＤ的人推出去。來自臺灣與大陸的學生群中，吵得更是激烈。臺灣學生怒罵大陸學生：「我是臺灣人，不是中國人，賣ＤＶＤ的是你們中國人。」在協助留學生處理租房議題時，我常聽到這樣的聲音。大陸學生也罵：「都是這些賣ＤＶＤ的丟中國人的臉，讓人瞧不起。」我聽了後冷冷回了一句：「英國人就算不叫你

DVD，也會叫別的字眼。」

我想起住在波蘭的弟弟曾告訴我，他的日本同學，可愛的和子常常一出門，就遭到鄰居小朋友們的雪球攻擊，小孩子們丟得很高興，嘴巴邊喊著「ㄎㄧㄣ空鏘，ㄎㄧㄣ空鏘。」ㄎㄧㄣ空鏘這個詞，有次我太太在臺灣遊溪湖糖廠時，也被這樣稱呼過。糖廠的工作人員發現我太太不會說中文，就轉頭問我：「她是ㄎㄧㄣ空鏘喔？」

「什麼ㄎㄧㄣ空鏘？」我問。他回答說：「越南的啦。」

「越南就越南，什麼ㄎㄧㄣ空鏘。幹。」

我在倫敦沒被叫ㄎㄧㄣ空鏘的經驗，倒是被叫過Chinky，還有Ching Chong。有次和太太走在社區公園，三個可愛的白人小孩，三、四歲吧，看到我們兩個黃臉孔，興奮地圍著我們跑，對著我們說一串他們自己發明的外國話：「Cho Ping Wa Wa Haa……」我太太臉色一沉，對著他們說「That's not very nice.（這樣不好。）」小孩靜了下來，比較大的那個輕聲說了Sorry。我說，小孩只是好玩，何必呢？太太說，不對的事情從小就要讓他們知道。

歧視早就存在，不是因為ＤＶＤ。

但華人面對歧視，不去挑戰歧視者，卻急著撇清說自己不是那個被歧視的對象。臺灣人撇清說臺灣人不是中國人，大陸人撇清說自己是留學生，比賣ＤＶＤ的高人一等，反正「他們」不是「我們」同一國的。面對歧視，被歧視者總得找個墊腳石，把非我族類踩在腳下，才能抬高自身的地位。有臺灣留英學生會的幹部主張要公開發表聲明，澄清賣ＤＶＤ的是中國人，不是臺灣人。我說，這好像臺灣與大陸這兩個黃臉孔的奴僕中，叫臺灣的這個奴僕爭著在白人主子面前表態，認為自己比大陸這個奴僕高一等。這是兩個奴僕在白人主子面前爭寵，比大陸人高一等又如何？你還是自居奴僕。我覺得真要發聲明，應該挑戰白人的歧視，跟白人說，我與你平起平坐，你的歧視是錯。

賣ＤＶＤ高利潤卻也高風險，賣ＤＶＤ的只要拿到紙鈔，就把錢藏在鞋內，因為帶著現金到處走，容易被搶，搶劫的人心知肚明，被搶的受害者，賣非法貨品又是無證件移民（非法入境者），沒人敢報警。劉琴就被搶過，她說「那個黑鬼拿刀子從後面勒住我脖子，然後整個包包

搶了就跑了。」因為大部分現金藏在鞋裡，劉琴損失不大，但尖叫聲吸引了路人電話報警。由於頸部面部流血潺潺，警察陪著到了醫院，醫師處理傷口後，警察找了翻譯當場作了兩份筆錄，首先是關於搶劫案的，警察筆記本上密密麻麻寫了人事時地物，劉琴不敢不配合，除了報假名外，其他都有問必答，口中說著那個黑鬼如何如何。我叫她要稱黑人而不是黑鬼，她就是改不過來。另一份筆錄就簡單多了，針對販賣盜版DVD的部分，警察註明犯行後，當場開了保釋單，要求嫌犯劉琴一個月後的某天到某警局報到以便進一步訊問。

這在英國法律實務上稱「警察保釋」，法律上的意義是警察依職權擔保，先放嫌犯回家，以後再調查，嫌犯不用找保人也不用納保釋金就可自由離去。如此處理劉琴，其實就是警察不想管這案子了，警察當然知道，一出了醫院，人海茫茫，劉琴到處可藏，不可能乖乖到警局報到。劉琴只是販賣盜版DVD而已，這種案子警察不想耗時間管。至於她的非法移民身分，警察更是沒有觸及。明知道劉琴是無證件移民，警察不但不抓她，連問都沒問，更沒有要求劉琴出示任何身分證明。

英國警察如此處理，在臺灣的法律實務脈絡下，絕對不可思議。臺灣警方抓逃跑外勞頗勤奮，常見報。臺灣四方報曾報導，兩位東南亞女性移工走在總統府附近，遠遠看到警察，避了開走到對街去。這動作讓勤奮的警察先生起了懷疑，一個人拖著兩位移工到派出所，一訊問，結果兩位都有合法居留身分。非法移民在英國無須躲藏，除非涉及人口仲介集團，或餐廳大量雇傭，英國警察理都不理，不抓的。至於對盜版ＤＶＤ的縱放，相較於有著全世界最嚴格的著作權法的臺灣，英國作法更是不可思議。曾有好陣子，臺灣不只是警方，連檢察官都淪為著作權所有人的差役，忙著抓盜版。臺灣的著作權法，把應該屬於民事私權爭議的侵權行為，攬到政府身上，變成國家有抓盜版的義務。在英國賣盜版ＤＶＤ的不只是華人，東倫敦曾有個盜版ＤＶＤ的小市集，一攤攤陳列盜版影集，賣主多是印巴人。ＢＢＣ地方臺的記者問警察為何不抓，警察說警力有限，應該用於更迫切的治安項目，但如果被侵權的著作權所有人自己蒐集證據報警，警察一定會受理。倫敦警方的意思很直白：我們很忙，要抓你們先去抓。

劉琴算是幸運的，被搶過兩次，脖子被割過一次；同樣遊蕩東倫敦賣DVD的郭姓女子，二十九歲，已婚，育有兩子，在二〇〇七年暑假失蹤了。警方從監視器錄影紀錄上查到她最後的身影，是在白教堂地鐵站，影像顯示，當時有白人男性與其談話，顯然該男性表達意願要購買DVD，然後兩人一起離開。警方推論，白人男性邀請郭女前往其住處，要求試播片子以證明DVD的品質。警方一直未曾發現郭女的遺體，但在該男性住處，發現血跡。警方出示現場照片與郭姓婦女的丈夫郭先生，以及其居住處的樓友觀看，觀看過照片的人表示，現場血跡斑斑。地方社區報紙引述不具名的的消息說，警方從血跡推論遺體慘被支解。二〇〇七年十一月時案子有了新進展，在葡萄牙協助英國幼童Madeleine McCann失蹤案的英警「遺體追尋」專家，已經被召回倫敦協助調查郭女案。警方相信，東倫敦另一起女性失蹤案，可能與郭女失蹤案有關。這是我最後看到的關於郭女案的報導，在地方版的角落。

雖然和一八八八年的開膛手傑克案一樣，同樣發生在東倫敦的白教堂地區，同樣是在社會底層謀生的女性受難，郭女案在英國媒體沒有引

起很大的矚目。相較於英國社會的漠然，那年英國最轟動的社會新聞之一，是涉嫌殺害遊日英國女性露西的金聖鐘（又名織原城二）被判刑。這是發生在二〇〇〇年的案子，露西以觀光客身分入境日本三個月，違法在夜店工作，有天與客戶出門後就不見人影了，她的父親與家人飛到日本尋覓，提供懸賞，英國首相布萊爾訪日時也會見了露西的父親，答應會在G8高峰會時向日本嚴正關切此案。後來，露西的部分屍塊在東京附近海岸的岩洞發現了。郭女案發的那年，英國與日本媒體沸沸揚揚重提露西案，可惜郭女案就只是流傳在華人底層社會，沒有英國媒體的大肆報導，也沒有在郭女的中國原鄉受到矚目。二〇〇九年溫家寶訪問英國，不知有郭女案的他，當然沒有問一下英國首相：「咱們中國的女兒到底找到了沒？」事實上，面對移民議題，每當英國移民官員要處理遣送實務，須確認無證件移民是否來自中國大陸時，中國駐英當局是不配合的：「沒有證據顯示這些移民是中國人」，似乎中國官方不認定有非法華人移民的存在。

二〇〇七年的暑假，包括郭女案，東倫敦地區共有兩起華人DVD

販賣者被殺案。另名受害者是男性，屍體在城郊的運河漂著漂，沒有人出面指認他的身分。又一道遺留在東倫敦的華人血痕。

10 種族歧視

到底英國有沒有種族歧視？在臺灣留學生圈裡竟然成為一個話題。

根據英國種族關係組織IRR統計，二〇一四年在英格蘭與威爾斯，因為種族歧視而被判罪的案件就有一〇，五三二件，英國廣播公司BBC根據各地方政府紀錄，發現在二〇〇七到二〇一一年間，英國的學校裡有近八八，〇〇〇件種族歧視事件，型態包括霸凌與暴力。二〇〇一年，五月在曼徹斯特（Manchester）地區，六月在蘭開夏（Lancashire），七月在西約克郡的布拉佛德（Bradford, West Yorkshire），接連發生了種族暴動，數以百計的亞裔與白人年輕人在街頭火拼幹架，商店被砸，車子被燒，總共上千的警察介入，警車與警

察也免不了遭殃。在英國，所謂的亞裔指的多是印、巴裔，印、巴小孩的一般形象就是會唸書，長大當醫師、律師與護理師。突然間，這些乖乖唸書、前程光明的小孩成為暴動主角，甚至被起訴、判刑、留下刑事記錄。

英國是個種族暴動發生頻繁，種族歧視嚴重的社會；但在我的英國生活經驗裡，到底英國有沒有種族歧視，在臺灣留學生圈裡竟然可以成為一個話題。留學生分享生活經驗的網站上，許多臺灣留學生認為沒有，他們說：「我遇到的白人都很和善。」」，「覺得被歧視可能是一種對別人行為方式的誤解」，「臺灣學生沒有融入英國社會，會把文化差異當成歧視。」」這樣的發言不是少數。

我在一九九七、一九九八年參加了一些臺灣留英學生間的反種族歧視活動與討論。鑑於生活周遭的東方學生在劍橋頻遭受到種族歧視對待，力求減少這種不愉快的生活經驗，陳真，一位讀哲學博士的精神科醫師，來自臺灣的公費留學生，花了兩年的時間在英國發起「反種族歧視運動」；在倫敦，幾位常在臺灣媒體寫專欄的朋友也舉辦座談、在網

路討論。那時沒有部落格，但自架網站與論壇已逐漸成風潮，運動的訊息透過「鳳至的家」[1]流傳，這個討論廣場聚集了最多臺灣學生意見。也是在「鳳至的家」上，可以看到許多臺灣學生認為「英國沒有種族歧視」。後來反種族歧視運動的參與者，到臺北和高雄的英國教育留學展會場，散發傳單，提供「另一種」英國留學經驗，要求英國在臺單位提供「英國各地區種族歧視程度比較表」，讓有意留英的學生參考。英國駐臺人員罵他們「幼稚」，但也不得不公開回覆說：「有，但是很稀少。」

那個年代，不只是留學生，對整個臺灣社會，種族歧視還是個新的概念。一九九二年，立法院通過《就業服務法》，其中設有外籍勞工專章，規定此後民間產業得以引進移民勞工；臺灣留學生在網路上筆戰英國的種族歧視問題時，距離臺灣社會初次見識大量移民勞工才不過幾年，臺灣人才剛開始學習如何面對成群結隊的異族人。當許多臺灣留英

[1] 鳳至的家：www.fcchen.com

學生認為「英國沒有種族歧視，所謂的歧視可能是文化差異與誤解」時，在臺灣輔仁大學的BBS站上，可以看到大學生們的留言：「平常平靜的校園，一到假日就出現一群群黑黑的外勞，造成校園安全的顧慮。」

那個年代，原來隱匿在臺灣鄉間角落，被拘束在家務勞動中的一個族群，也正逐漸被看到。從一九九〇年開始激增，被稱作外籍新娘的外籍配偶，她們的下一代開始進入小學。這些小孩被主流輿論視為教育的負擔，他們的媽媽被視為社會問題。努力工作養家的外配被責難把臺灣當作淘金的天堂，輔兒育女的外配被要求在家不要與小孩講東南亞母語，以免影響小孩學習國語。這些小孩若真在學習上有問題，根源在於他們的臺灣爸爸的經濟弱勢，但社會究責於他們的東南亞媽媽。一直到二〇〇四年，教育部次長還公開呼籲：「外籍新娘『素質低』應該要節育。」

有怎樣的社會，就有怎樣的大學生，不管是在英國還是在臺灣唸書，都一樣。臺灣留學生會為英國人的種族歧視辯解，這不奇怪。

英國官方又怎麼看待種族歧視議題？英國種族平等委員會主席荷門奧司列爵士說：「太多人居住在被種族歧視侵犯圍繞的生活環境中，這是一種恐怖主義行為。」英國內政部一九九九年公布了具體的數字，一年有近一萬四千件的較嚴重的種族事件，這個數字比十年前增加百分之六。一九九八年七月，倫敦的三十二個自治市不約而同的全都把種族歧視犯罪當成該市未來一年掃蕩犯罪的五項首要任務之一。種族歧視案件不但有，而且愈來愈嚴重，著名的勞倫斯案的發生，更讓英國人覺得，政府體制中本身就存在種族歧視。

勞倫斯案是英國犯罪史上最著名的種族殺人事件。一九九三年，黑人少年勞倫斯與朋友等公車時，遭到一群白人青少年無緣無故攻擊，白人小孩打殺的同時並高喊「黑鬼」等辱罵字眼，勞倫斯在血泊中爬行了近兩百公尺，死了。警察逮捕了嫌犯，在留置的過程中，這幾位白人還在警局叫囂各種辱罵黑人的字眼。五名白人青少年事後一度被判無罪，因為警察局並沒有積極地偵訊調查訊這個案子，直到二〇一二年，勞倫

斯死後十九年，其中兩位嫌疑犯才被定罪。後來，警察單位的內部調查證實，該案的負責警方確實沒有盡到調查偵辦的責任，有的警官因而離職，有的被起訴。英國首相指派威廉馬桀中爵士主持獨立調查委員會，一九九九年二月底公佈的調查報告指責倫敦警方是「體制性的種族主義者」。儘管，負責倫敦警局的保羅爵士拒絕辭職，但是，據《衛報》的調查，四分之一的英國人認為，警察是種族歧視者，而且三分之一的人認為制度性的種族歧視主義正在增加。

「制度性的種族歧視」並不代表，只要是警察就是歧視者，而是「體制與機關的運作，裡面成員顯現出的集體行為，明顯地有種族差別。」不管是警察的內部調查報告，還是獨立調查委員會的報告，都明確指出警察的歧視行為，例如：勞倫斯垂死時，在場沒有一位警察施以援手，因為他的膚色讓人先入為主地覺得他可能是壞人而較「不重要」。另有調查報導顯示，警察夜間巡邏時，盤查亞洲或非洲裔的行人的比例遠遠高於白人。根據英國警方的紀錄，在倫敦，黑人被警察盤查的次數是白人的三・二倍，但是黑人的人口數只有白人的二十三%。警

察不符合族群比例的盤查行徑，多塞特郡是全英第一，黑人被警察盤查的次數是白人的十七・五倍，但是當地的黑人只佔人口總數的〇・二%，而白人則佔九十七・九%。

除了警察，被法院認證為「體制性歧視」的機關還有英國移民局。這也難怪，國家境管實務本來就是對移民進行篩選，誰可以入境，誰該被拒絕入境，國籍與種族常是移民官員衡量的指標，英國的族群關係法在禁止公部門種族歧視之餘，在二〇〇〇年修法時就特許移民局官員基於執掌，在獲得內政部授權的前提下，可以針對特定國籍或族群有歧視性的行為。但是在二〇〇四年時，這個移民局得以「合法歧視」的法律受到了挑戰，整個事件肇因於二〇〇一年英國移民局在捷克布拉格機場的措施。當時捷克當局同意英國派移民官員進駐布拉格機場，針對前往英國的旅客進行登機前的篩檢，以換取英國給予捷克公民免簽證。這類境外檢查的措施，日本在二〇〇五年五月至二〇〇九年十月期間，也曾在臺灣桃園機場和南韓仁川機場實施過，叫作境外入境檢查。若有逾期違法居留日本紀錄者，在機場就會被擋下，無法搭機前往日本。

英國對捷克特別關注，因為來自捷克的旅客申請庇護的人數激增，從一九九八年的五一五位，到二〇〇〇年時成長為一八〇〇位，而這些申請庇護者成功的比率極低，只有六％。境外篩檢的目的就是要阻絕想申請庇護者抵達英國，這些來自捷克的申請庇護者大部分是羅姆人，俗稱吉普賽人，這個流浪民族在歐洲有長期被迫害的歷史，德國納粹時期，內政部長希姆萊（Heinrich Himmler）就頒佈了一份全面逮捕羅姆人關入集中營的命令，二戰時期有五十萬羅姆人因而喪命。即使在現代，羅姆人仍因為他們特殊的生活方式被歧視，歐洲人對他們的刻板印象就是乞丐、小偷、仰賴社會福利的低收入者。

二〇〇一年英國移民局在布拉格的境外篩檢對象，理論上不分種族與國籍，包括所有將前往英國的旅客，但實際上是針對羅姆民族。曾經有兩位布拉格的記者一同在機場被篩檢，兩人的收入、年紀、經歷與家庭狀況幾乎雷同，一位是非羅姆人，另位是羅姆人，結果非羅姆人獲許登機，羅姆人被拒。「歐洲羅姆人權利組織」派員到機場觀察英國的此項措施，發現羅姆人被拒絕登機的比例是非羅姆人的四百倍，移民官員

盤查羅姆人的時間比較長，羅姆人被留置訊問的比率是八〇%，而非羅姆人只有一%。「歐洲羅姆人權利組織」提出司法審查的要求跟英國政府打官司，一路從高院、上訴法庭打到上議院。官司的過程備受移民律師們關注，雖然移民管制的本質就是強者占地為王的歧視性措施，但是羅姆人這個案子中，移民管制的標準完全以種族為準，這合法嗎？最後羅姆人贏了，上議院判決認為移民官員的行為違反了英國的種族關係法。

英國移民官員進駐布拉格，目的就是阻擋意圖申請庇護的旅客登機，明明羅姆人申請庇護的比率高出其他種族，為何移民官員不能針對羅姆人進行篩檢？為何法庭譴責這是種族歧視？法庭攻防過程中所揭露的證據顯示，這些羅姆人被差別對待，就只因為他們的種族身分：他們是羅姆人。判決裡清楚表示：「羅姆人比其他人有比較高的比率會申請庇護，這項事實不能拿來為『差別待遇羅姆人』作辯護，移民官員的行為是對羅姆人的直接歧視，這是種族關係法要禁止的行為。」

英國上議院判決的文字有點抽象，同時期日本有類似的歧視案例，

或許可以較淺顯地呈現「種族歧視」的概念。北海道小樽溫泉馳名，也吸引了俄羅斯船員在漁船靠岸時前往休閒。俄羅斯船員難得上陸休憩，去泡澡時帶著酒意，喧鬧難免，又不守規定先沖澡，船員的行為影響了其他溫泉客，也拖累了溫泉業的營生。溫泉業者受不了，便貼出「只限日本人」、「外國人禁止」的佈告。溫泉業者有委屈，禁止外國人只是想維持秩序與品質，但是以種族為基礎的禁令，就是種族歧視。溫泉業者正確的作法應該是限定酒醉者進入，勸導驅離不守規定者，而非針對特定種族一概封殺。同理，英國移民當局對移民的篩檢，可以就旅客是否有回程機票、經濟狀況、職業、家庭情形作為拒絕其登機的指標，如果一個旅客只因為他的種族就受到差別待遇，這就是法律禁止的種族歧視。

實務上，種族歧視如同女權運動者常用的詞彙：「看不見的玻璃天花板」，歧視明明在那裡，感受的到，但又隱而不顯，很難證明。一位職場女性老是升不上主管要職，很難評判是否源自性別歧視，但當有數字呈現前五百大企業中女性CEO的比例遠低於男性時，就可證明這社

會刻意封殺女性。種族歧視也是，常得藉助統計與個案的累積才能確認，因為種族歧視的意圖要遮蓋太容易了，歧視者可以假借其他理由以進行差別待遇。

「英國歧視法協會」每月的案件摘要，就常見各類遮遮掩掩的種族歧視案件。例如來自巴基斯坦的哈珊・阿旺就職於電器零售店，被解雇了，老闆的理由是他英語不夠好。阿旺只好上就業法庭打官司，法官聽了阿旺的陳述，認為已經移民英國三十年的阿旺英文沒問題，可以聽懂；有口音，但溝通無礙，何況阿旺的銷售成績並沒有比其他同仁差。阿旺的口音當然不像英格蘭鄉間貴族的口音那麼悅耳尊貴，也不像所謂的倫敦腔，也就是東倫敦勞工階級的腔調，讓美國人著迷，但若因為口音而無法獲得平等的工作機會，這就是種族歧視。正因為種族歧視的行為太容易遮掩了，英國就業法庭二〇一〇年受理成案而進行聽證的種族歧視案件有九百五十件，被判定為種族歧視的只有一五十件，成功率十六%，相較於一般的不當減薪案件的七十二%成功率，以及不當解雇案的四十七%成功率，種族歧視案在法庭上很難成功舉證。

離開英國回到臺灣工作後，我也遇到種族或族群歧視的案子。在陸委會上班時，有陸配投訴，雖然陸配獲得工作權了，但她應徵時，面試的主管直截了當說他們不用陸配。這位陸配劉女士說，她認識的陸配姊妹也有類似的遭遇。劉女士的經驗讓我驚訝，原來歧視的非法行為在臺灣是如此公然上演，不須遮掩。劉女士反而安慰我說，有工作權就已經很感謝政府了，之前沒有工作權時，有的姊妹只能偷偷打工，她不敢，整天悶在家裡，先生天天上班勞累，她卻無法幫家裡多掙點收入。

在臺陸配有工作權，是「中華兩岸婚姻協調促進會」長時間推動陳情、抗爭，取得的成果，後來陸委會賴幸媛主委為了陸配的工作權走了五十三趟立法院，成功爭取到朝野立委的支持。陸配有工作權後，陸委會一天湧入兩百通電話，罵說臺灣人都沒工作了，還給大陸人工作。離開陸委會後我到行政院中部辦公室服務，也有外配陳情，臺中工業區的某些廠商一聽到外配沒有中華民國身分證就不錄取，我打電話給廠商，問原因為何，對方說，他們知道外配只要合法入境居留就可以工作，但是沒有身分證讓他們在處理人事作業時會比較麻煩。什麼麻煩？對方卻

說不出來。我太太也是外國人，持有居留證、沒有身分證，報稅、就醫與旅行，都沒問題。唯一的麻煩是，向臺灣的銀行申請信用卡永遠被拒絕，即使她戶頭存款是我的好幾倍。平心靜氣想想，這些年來臺灣還是頗有進步，曾經外配無權工作，有外配幫開店的先生收錢、洗碗、端菜，就被檢舉非法打工，警察遣送處境，一家人被拆散，稚子不知該跟著媽媽離家，還是留著讓爸爸養。現在臺灣人總算把外配當家人看待了。

談英國，比較臺灣，在種族歧視這個世界性議題上，臺灣的表現令人不滿但其實也不俗，或者說是幸運的。英國每隔個幾年都會爆發種族血腥衝突，從五〇年代被白人在街頭公開砍殺的第一代移民，到現在街頭火拼的第二代甚至第三代，英國的反歧視法規是沾著血寫出來的。在臺灣，陸配與外配的權益抗爭活動沒有少過；新住民小孩在成長過程中，也有被臺灣小孩歧視、霸凌的辛酸，我們一直缺少整套的關於性別、族群、宗教、性向的歧視法，但我們沒有血濺街頭。

11 華人世界

位於東倫敦的伊爾福德（Ilford），人口十六萬，是大倫敦紅橋自治市的行政中心，伊爾福德鬧區的範圍不大：火車站前的大街加上對面的購物中心和徒步商業區，一個小時逛一圈足足有餘。我在倫敦期間，其中有十年這裡就是我居住的地方，吃、喝、休閒與購物都在這〇・二五平方公里中。當「醫師與藥方」這家中醫診所在這小小商業區竟然一口氣連開了兩家連鎖店時，我不禁深深佩服中醫文化滲透英國社會的能力。

「醫師與藥方」提供把脈問診、針灸按摩，也賣中醫藥品。一間店通常有兩人駐守，負責前檯的多是年輕華人，能說英語，負責販賣藥品。說是藥品，其實多是保健營養品，按英國規定不能宣稱具有療效的

營養補充品。除了前檯，另有位中醫師駐診，通常不太會說英語，與客人溝通得透過前檯的翻譯。中醫師的把脈問診不用錢，但是把脈完會推薦客人購買成藥，或者會提供針灸服務，十五分鐘的針灸加上三十分鐘的按摩收價四十五鎊。對比市街上宣稱芳香療法的SPA按摩店，動輒六十五鎊起跳，「醫師與藥方」的按摩物美價廉，極具競爭力。不過與一般SPA店不一樣的是，「醫師與藥方」提供按摩的不是年輕女按摩師，而是中醫師親力親為，不少是過了退休年紀的，在中國大陸真正有執業資格的中醫師，也有少數是學了三個月針灸就來英國駐診的華人。中醫師男女都有，看看這些中醫師的樣子，就知道這種店絕對和SPA按摩店不同，有些SPA店掛羊頭賣狗肉，表面芳香油壓，私下提供「手工」服務，就是按摩師幫顧客手淫；「醫師與藥方」的中醫師是真正會拿針扎人的。

「醫師與藥方」連鎖店在英國各地一間間地開，可見獲利頗豐。我的鄰居查理因為看到店門口高懸的「免費諮詢」，進門問診。看診的醫師不會英文，在把脈和看看舌苔後，透過前檯的翻譯說，查理就是火太

旺所以導致胃痛還有情緒暴起暴落。前檯開的療程與處方是查理需要做六次針灸，一次付清的話共一百五十鎊，加上藥品三瓶，一百六十五鎊。算起來針灸一次二十五鎊，在生活費昂貴的英國而言，其實頗便宜。但總共要三百一十五鎊，查理說他得考慮一下，前檯的臉色就不太好了，好像查理做了什麼錯事冒犯了她，然後開始極力推銷，強調查理如果不吃藥不針灸的話，可能有不好的後果。前檯想做成這筆生意，問了查理好幾次：你要付現還是用信用卡？當查理說他付不起時，前檯說，你不是有信用卡嗎？前檯進一步說，如果不購買療程與藥品，就會撕掉查理的病歷，以後也不會提供任何諮詢。

我的朋友布魯斯也有類似的經驗，他有蕁麻疹，時好時壞，他對中醫師的診斷極為佩服，不用掀衣服就竟然指出疹子容易發作的時間與部位，針灸也讓他覺得頗有助益。但是六次針灸的經驗讓布魯斯對「醫師與藥方」也頗保留。每次針灸，醫師就處方新的藥品要布魯斯購買，每次針灸完，走出診間，藥品已擺好在櫃臺上，好像非買不可。藥價不便宜，散、丸、膏、丹各種劑型都買過，他對這種半強迫的方式很反感，

可是針灸頗有效，讓他很難拒絕中醫師的推銷，幾次買了後又頗後悔。布魯斯罵說，中醫理當療癒身心，為何如此商業化？

同樣是華人，「醫師與藥方」的推銷術對我無效；駐診的醫師良莠不齊，英國人無從分辨，對我而言則不是問題，只要多聊兩句察言觀色，就可以探出醫師的出身來歷。那陣子我除了兼職法律工作，還為臺灣的《中時晚報》與《中國時報》寫專欄，在家伏首書桌頗愜意。我桌子靠窗望向庭院，白天有松鼠在樹上與圍籬溜上溜下，晚上有刺蝟出沒，黃昏或清晨則可看到一窩狐狸，但伏首太久的後果是肩頸常痛。每次從臺灣返英時，行囊裡都成捆的金絲藥膏與撒隆巴斯。金絲膏在臺灣一包六片臺幣一百二，折合英鎊三鎊不到；在英國讓「醫師與藥方」往你身上一貼，單一片就要價五鎊；類似的產品英國的連鎖西藥局偶爾可見，厚厚的一片要八鎊。儘管肩背常貼著藥膏，肩井、膏肓穴一帶，還是常酸痛地恨不得拿菜刀把自己肩膀卸下來，因此儘管覺得有點奢侈，當痛得受不了時，我會走入「醫師與藥方」，接受四十五鎊一次的針灸加按摩。

我會挑吳明端大夫駐診的時間去，她畢業於上海中醫學院，退休前任職蘇州大學醫院，退休後賦閒了一陣子，覺得還可以做些事，剛好有同鄉在招募中醫師赴英工作，就和同是中醫師的老伴一起到英國來，可以見見國外世界又能賺些錢。我認識吳大夫時，她到英國兩年多了，問她來英國後去了哪些國家走走？她說其實也不多，「醫師與藥方」安排每位醫師要駐診兩到三間店，工時頗長，假期不多。見面次數多了，她聊的也多。她這一代年輕時辛苦過，見過文革，也親眼看到了中國大陸改革開放帶來的成果，但是年輕時的經歷和受的思想教育，讓她對改革開放還是有點遲疑。吳大夫提起她求學時的經驗，上海中醫學院是名校，當年唸書時，班上總會有些學生來自偏鄉，她說，那些來自什麼溝什麼村的同學從小學到高中都在偏鄉深山，一直到念大學才有機會見到外面的世界。他們鄉音很重，有時聽不懂，學校每年都會有一定的名額給這些同學，若不如此，他們一輩子沒什麼離鄉的機會；「但是現在的小孩上小學前就要開始補習了，只有經濟狀況不錯的家庭負擔的起，窮人家的小孩沒什麼機會了。」吳大夫如此批評。她對一些政治現象也有

所抱怨，她說解放時他還小，沒什麼記憶，但常聽到她姥姥說解放的那天，整個家鄉蕪湖沒什麼特別的感覺，「姥姥那天一早打開門，看見牆邊蹲坐了一排紅軍在休息，請他們進門來坐，解放軍說不能打擾百姓；拿水給他們喝，他們堅持自己去挑水。」、「這才是共產黨啊。」吳大夫講到類似的故事，都會如此感嘆：「以前報紙說江西省某某貪污六十萬，那時是多大案子啊，現在貪污都算億的，幾十萬的算是清官了。」

不過吳醫師談政治不多，畢竟不是那麼有興趣，談的比較多的還是我的背。她嫌我背肌僵硬，有時針不好刺，她說看過一個黑人，也是很難下針，因為肌肉太硬了，不過那個黑人是因為常健身，而我則是緊繃、不會放鬆。針不好刺，難不倒她，但要按摩我的背肩頸，對她就很吃力。她常在拔針後，拿玻璃罐子點火幫我拔罐，嘴裡說這樣比較有效，其實是為了省力氣，用拔罐來取代按摩。她近七十歲的年紀了，而我的背又硬得像石頭，真要她幫我按摩按足三十分鐘，說實在於心不忍。看到她我總會想起在臺灣的爸爸、媽媽，歲數差不多，頭髮花白了。這樣的年紀，我帶父母在倫敦搭地鐵時，都期盼會有良善的英國人

起身讓座；這樣的年紀，不應該讓她使盡力氣又揉又按的。

吳大夫偶爾問起我的工作，我也會聊些我經手的法律服務個案。有次她小聲問了我英國假日加班的規定，聲音很小，怕前檯聽到。「醫師與藥方」的前檯與駐診醫師相處並不親近，雖然同室工作且同文同種，但彼此監督的味道很濃，相互提防甚於合作提攜。這不是年齡代溝，是資方刻意離間的結果。吳大夫一定是有事想問又怕被前檯向老闆告狀，診間說話不方便，我寫下了我的地址25B SELBORNE ROAD與家裡電話號碼0208-262-8211，一聲不響地交給了她。隔天通電話，她單刀直入問說，按照英國的規定，薪資是依小時計算還是算週薪的？原來她懷疑資方刻意苛扣薪資。一方面電話裡講不清，另方面，我無法只憑她的幾句描述就做判斷，我要她找天把所有的薪資給付單、工時表，全都拿給我看看。

吳大夫帶來的資料不少，中英文皆有，中文的，多是她自己的紀錄；英文的則是公司給的。我先從英文的資料檢視起，是工時表，一週一張，圈圈叉叉記錄了她何時何處駐診，平均算來吳大夫一週工作沒有

超過四十八小時，看起來符合英國法律規定。但我首先想要看的是資方發給吳大夫的雇傭聲明（Written statement of employment particulars）。依法在開始上工的兩個月內，雇主有義務提供受雇者一份雇傭聲明，上面應列有公司名稱、受雇者的姓名、工時、工資等勞動條件。雖然這不是勞雇雙方簽名的正式勞動協議，但依法算是雙方合約的一部分，有法律效力。在口頭承諾就可成約的英國普通法中，勞動契約未必要書面為之，但為了保護弱勢的勞方，國會有特別立法，「雇傭權利法」中便明令要求資方要給勞方一份書面的雇傭聲明，把條件與待遇說清楚，以資憑證。吳大夫說，好像公司有給過這樣一份東西，但因為全是英文，這份東西可能存在李榮手中。李榮就是她的同鄉，當初鼓勵並介紹吳大夫夫婦來英國的仲介。我請吳大夫一定得跟李榮要回這份文件，否則是是非非很難說得清。中文的資料則是吳大夫自己的筆記，何日何月領了多少錢。這是我初次知道吳大夫的薪資，時薪十三鎊，當時英國的法定最低薪資是五・五二鎊，叫水電工上門一小時要六十五鎊，十三鎊的酬勞算起來低於一般中產階級收入。吳大夫的疑問在於有薪假的部分，她說

在大陸工作算月薪，週末放假，節日也放假，每月薪水固定，假多假少都領一樣；來到這裡算時薪，週六、週日若沒上工，就沒收入，週六、週日若上工，每小時還是跟平日一樣十三鎊，這有點很不習慣，所以她特別問了李榮，李榮才說依法一年她可以有二十八天的有薪假，也就是說，有些假日與節日，雖然她沒上工，但還是可以領錢。我說，沒有錯，二十八天的有薪假是法律的最低規定，其實大部分的上班族，若算月薪的，有薪假豈止二十八天，週六、週日加上節日，加上休假，初入職場的英國年輕人有薪假起碼一百二十天起跳。儘管二十八天很少，兩年了也該有五十六天，算起來共五千八百多鎊，這錢都跑到哪去了？吳大夫都沒領到。

吳大夫問過李榮，李榮說，錢早都給了。依照李榮的說法，當初講的時薪十三鎊就已經包括了有薪假的給付了。李榮說，在英國領時薪的都是這樣算的，例如，說好一個小時八鎊，其實並不是真的八鎊，其中的七・二鎊才是真正的時薪，另外的〇・八鎊就是有薪假的給付，是雇主把一整年的有薪假工資平均加入每個工時裡面，這樣整個加起來才有

八鎊。也就是說，有薪假的給付並不是在你休假時給你，而是分攤到你平常工作的日子裡了。這意味著吳大夫十三鎊的工資裡，早就包括了有薪假的給付。吳大夫說，她花了好久才搞懂李榮的意思，她質疑李榮，那為何一開始不說個明白？不清不楚地讓她覺得被佔了便宜，原來當初說好的一小時十三鎊，實質上只有十一鎊多還不到十二鎊，她有受騙的感覺。李榮強調在英國大家都是如此，約定成俗這樣算，清楚明瞭也比較方便，既然人在英國當然按照英國的規定走。

「英國人常在酒吧關門後在街角小便，你問問李榮是不是也要入境隨俗？」我忍不住開罵。李榮講的沒錯，許多英國雇主都這樣做，俗稱 roll up holiday pay，但這是違法的。這種作法極具爭議，還上了法庭。蘇格蘭法庭很清楚地認定其違法，英格蘭法庭起先認定不違法，但官司打到了歐洲法庭，勞方最後獲勝，歐洲法庭特別頒佈規定要求歐盟諸國必須確實消滅這樣的伎倆。吳大夫的案子如果打官司，我有信心會贏。

打官司得提證據，首先要確認兩者之間存在雇傭關係、吳大夫確實有提供勞動，然後得算清楚到底吳大夫兩年來共拿了多少錢，接下來才

能好好算帳。按我工作經驗，這類事情寫信解決最快，形諸文字代表慎重其事，藉著文字也較容易清楚、確實表達訴求。不過吳大夫念在與李榮的同鄉情誼，不想把事情搞得太正式，也好，既然李榮一直代表資方安排協調吳大夫的工作，那就請吳大夫先口頭向李榮索取「雇傭聲明」和薪資給付紀錄，東西要到了後再進行下一步。

這兩樣東西不難準備，卻等了一個月。李榮從「醫師與藥方」總部列印了吳大夫的給付清單，清清楚楚，每一筆都符合吳大夫自己的紀錄；「雇傭聲明」則一直拿不出來。李榮先是千方百計勸吳大夫息事寧人：「大家都是中國人，不要搞得不合。」、「這家店給的工資算是同行裡最高的了，再爭對大家都不利。」、「不要讓我夾在中間為難。」後來則說「雇傭聲明」掉了，找不到。「雇傭聲明」他當然不敢拿出來，上面一定明明白白記載時薪十三鎊，白紙黑字，雇主的責任逃不掉。李榮夾在勞資雙方中間，想息事寧人，這可以理解，他能做的就是一直對吳大夫動之以情，靠著老交情希望她不要爭了。

五千多鎊不算少，一旦理解這是屬於她的法定權利，吳大夫當然不

願意放棄。既然李榮處理不了，我告訴吳大夫說，讓我們跳過李榮直接與資方打交道吧，這是勞資爭議，別被交情與鄉誼遮蔽了問題。雖然缺了雇傭聲明，李榮提供的薪資給付紀錄也就足以讓我做文章了。我代表吳大夫寫了封信直接寄到「醫師與藥方」總部，提出給付五千八百多鎊的要求，以李榮提供的薪資給付紀錄為佐證，因為每筆給付都是以時薪十三鎊為計算的基礎，並沒有特別註明這十三鎊中也包括了有薪假的給付。雖然勞資雙方都是中國人，信我故意用英文寫，開頭是文謅謅的律師語言，結尾是明確直白的要求，我在信尾簽名，信頭則列印了大大的「東倫敦移民諮詢局」幾個英文字，看起來氣派又正式。

信寄出沒幾天，李榮急著找吳大夫協商，甚至表達願意自己貼點錢給吳大夫，可見得這封信震怒了「醫師與藥方」的老闆，脾氣都發作在李榮身上。這時我也才知道，原來兩年前李榮仲介吳大夫來英工作時還收了五千人民幣的仲介費，李榮願意退還部分作為補償。我叫吳大夫不要理會李榮了，信是寫給「醫師與藥方」的老闆，從此我們只與這老闆打交道，直截了當。李榮若還一直纏著她，那怎麼辦？吳大夫問我。

「那就叫他聯絡我，跟他說我是你的代理人，有任何事都找我。」我要讓李榮知道，吳大夫是無效的溝通管道，也讓「醫師與藥方」的老闆知道，李榮是無效的溝通管道。在談判實務上，這叫做切斷溝通管道，讓對方想傳達的訊息碰壁、無從傳遞。因此，「醫師與藥方」的老闆只有一條路走：直接找我談，不然就是法庭見。我要讓「醫師與藥方」的老闆明確感受到，這案子只能真槍實彈依法論法，同鄉情誼和稀泥那套不管用。

吳大夫按照我擬定的策略行事，就此不理會李榮了。我期待會收到「醫師與藥方」或是對方律師的回信，信裡文謅謅且客氣地駁斥我的要求，但始終我都沒收到他們的回信。反而是信寄出後的四個禮拜，李榮跑到吳大夫家裡親手送上「醫師與藥方」開的支票，一毛不少。

作為在東倫敦生活的訟棍，為了我個人和朋友的生活權益，我寫過很多信威脅要打官司。例如用了三年的錄影機壞了，廠商拒絕支付維修的費用；房子要退租了，仲介公司找藉口苛扣押金。通常一個案子得魚雁往返交手好幾次，甚至告上法院了，對方才會乖乖寄來支票。這次一

封信就得到五千多鎊，換算成臺幣還真是一字千金，但我沒有勝利的喜悅。我覺得挫敗。

「醫師與藥方」雖然屈服了，但是支票是透過李榮交給吳大夫，這個舉動，意義很明顯：「醫師與藥方」就是拒絕與我打交道。「醫師與藥方」的作法宣示著，從老闆、仲介到員工，他們自成一個社會，這個在英國土地上逐漸生根的華人社會，談鄉情、論親誼、講交情，自有遊戲規則。這是「醫師與藥方」拓展版圖的基礎，他們的勞資關係依附在社會關係上。藉著這個講華語的社會網絡，人們相互照顧；同時，剝削與被剝削的關係，正也是因為寄生在這個網絡上，得以牢固、擴張。

12 海灘亡靈

莫克姆灣（Morecambe Bay）海灘，寒風凜烈，無人的沙灘上立了一個膝蓋高的小小靈位，有個小花圈點綴，幾樣水果就擺在旁邊地上。這是二〇〇四年的英國寒冬，最揪心疼痛的新聞畫面。沒有人知道是誰設立這個牌位，靈位上看得出寫了幾個中文字，是和亡者一樣來自中國的人，用老家的習俗，撫慰被異鄉垠垠大海吞噬、不知何處飄忽的七魄三魂。靈位是悼念二〇〇四年二月五日在英格蘭莫克姆灣撿拾貝類而亡的二十三名中國青年。他們不熟地形、不悉海性，因突然漲潮而被困在距離海岸約二英里的沙洲上。

同樣年輕、同樣是黑頭髮黃皮膚，他們和同時期大量湧入，來到英

國就讀的中國留學生，命運殊途。為了一天約一五〇〇臺幣的工資冒險工作，數十人擠居在一棟房子。慘案震撼英國政府與民間，一週來天天是報紙和電視新聞的主角，警方大規模搜索逮捕幕後的華人工頭與白人仲介業者。英國《衛報》有佳句：「這不是移民問題，是勞工安全問題。」任何人，不管是移工或本地人、不管是非法或合法入境，都有在安全衛生環境下工作的權利。

來自臺灣的《衛報》記者白曉紅，系列地深度調查報導了這件事與這群人。白曉紅的筆寫下了當時的兇險，幾位來自福建的拾貝者，之前從沒來過莫克姆灣海灘，沒有人預期潮水來的那麼快，冰冷的海水攪動著沙灘，波浪把身子前後拋盪。白曉紅揭露了幾位亡者死前撥出的絕望電話：

郭賓龍（譯音）也打給了五千里外在中國的太太：「我現在很危險，水已經漲到胸部了，我可能要死了。我老闆犯了個小錯誤，他算錯時間了，他應該一個小時前就叫我們收工。請家人幫我祈求，

很接近了，我快死了。」

在那個漆黑的夜晚，困在潮水中的郭賓龍等人，打出的電話好幾通，先是求救，後來成為告別。電話另一端的人只能流淚。為了瞭解以撿貝謀生華人的處境，白曉紅後來匿名，以假身分接觸了那些亡者的工頭，並以找工作為藉口與華人移工們生活，共同住在一棟四個房間擠了十七人的房子裡。白曉紅的臥底調查連續在《衛報》刊了兩天，從報導裡可以看出，這些華人移工是全球化下，西方飲食工業的祭品。當資金和貨物跨國界流動，牛仔資本主義式的英國農漁業，只好壓低成本保持世界市場上的競爭力，被苛扣的一端不是品牌管理而是最底層的勞動條件。英國需要廉價的移民勞工以保持經濟成長，又對入境居留權百般限制，造就了非法移民，他們常常領的比法定最低工資還少，成為勞動市場上的最愛。便宜、刻苦、冒險，像耗損品，在不安全的環境下犧牲。這些經濟貢獻者，被本土社會剝削利用糟蹋，還被污名與嫌棄。後來英國導演 Nick Broomfield 以白曉紅的報導為藍本，拍了電影《鬼佬》

（*Ghosts*）。

二〇〇七年一月九日，電影《鬼佬》在倫敦舉行特映與座談會，票賣光、座無虛席。電影開始，銀幕上華人拾貝工搭乘的小客車在風雨中往海灘前進。華人工頭說：「天氣不好，鬼佬（英國人）們肯定不出工，我們可以到較好的區域採貝，不怕被驅趕。」這群工人，就這樣走向死亡。潮水淹沒年輕的身體，臨死前，電影中的女主角愛琴透過電話，對著在福建的幼子貝貝唱著：「世上只有媽媽好，有媽的孩子像個寶。」

坐在觀眾席的我，離鄉多年身在異國，這首熟悉不過的中文歌，從沒像此時此刻，如此觸動我，讓我想起媽媽。

電影倒敘，場景是一年前的福建，愛琴找人蛇、尋偷渡管道、向父母與幼子告別。然後是六個月的偷渡旅程，抵達英國。在英國，忍受工頭的騷擾、向英國人賄賂以求工作、在擁擠的臥室裡生活、英國仲介違法苛扣工資。這些華人勞工是英國食品業的底層末端；生產線的另一端，是各大超市舒適光鮮的賣場，光線明亮有空調，紳士淑女們悠然購

物。賣場中的食品，盡是外籍移工的血汗。食品業者雇用包括華籍在內的外籍移工，雇庸外包化，透過仲介業與工頭壓低人事成本。移工所得，低於法律的最低工資規定。

電影主軸是莫克姆慘劇的二十三名華工，移工們的生活細節與工作遭遇，多是依據白曉紅的調查報導而演出。例如，工頭對女主角騷擾、性暗示；移工們拿著電子字典學英語的場景；人力仲介處的賄賂等。映後座談，導演提到，透過白曉紅的介紹，他接觸了居住在利物普的拾貝工人，親身接觸拾貝者的生活與工作。為製作電影，他們也請中國學生臥底透過工頭找工作，蒐集具體的外籍移工的工作狀況，例如薪資數額等。為了拍攝肉品加工廠的勞動實況，導演也偽裝為南非移工入廠工作，不過只有幾個小時，就因為手腳太慢，被解雇。導演也提及了製作團隊訪談當地漁工時，就有人提及，二十三名華工淹死這是遲早要發生的慘劇：「因為華工不熟潮汐，又總往危險的區域去拾貝。」也有漁工表示，事發前，他們正收工，看著華工的車輛往沙灘前進，還出聲警告華工。透過電影的寫實呈現，可以瞭解，華工如此冒險，是因為被白人

排擠。華工，即使是有工作許可者，在當地拾貝，也會受到英國漁工的驅趕和痛毆，儘管這些華工與當地勞工擁有相同的工作權利。導演說，這是一個政府不理會也不處理的場域，華工當然挑著沒人、危險的時段與區域工作。根據導演與愛琴，他們在海灘上拍攝時，就有白人漁工衝過來追打他們。《鬼佬》片中肆無忌憚地揭露了英國勞工對移民勞工的暴力。如同白曉紅與她同事在《衛報》裡寫的：

在這個蓬勃發展卻又管制鬆散的行業裡，從九〇年代開始就形成了在地的幫派文化，並逐漸演變成地盤的爭奪，華人勞工被迫面對這處境。在地漁民葛瑞表示：「我曾經看到華人痛哭，因為在地幫派縱火燒了他們撿拾的成果。來自蘇格蘭與威爾斯的幫派從八年前就開始火拼。非常混亂，讓做這行業的很難好好營生。」

英國媒體報導，二〇〇六年，涉及莫克姆灣慘案的華人工頭被判刑十四年，他的堂親和女友分別被判四年九個月與兩年九個月，而兩位白

人仲介業者獲判無罪。種族主義的陰魂再次糾纏莫克姆灣案，從海濱盤旋到法庭。二〇一〇年，一顆頭顱被海水沖上岸，ＤＮＡ證實，是莫克姆灣案中溺亡的華人女性。六年了，她的屍骨隨著海濤翻騰，在異鄉的海岸線沉浮。

13 兒童偷渡客

東倫敦，白教堂路（Whitechapel），我在律師馬克・麥考阮可因的辦公室首次遇見小鄭，他要申請政治庇護。一碰面，馬克就先丟了個問題給我：「你看他幾歲？」

我知道馬克的意思，他想確認小鄭是否已經十八歲。如果未滿十八，法律上小鄭是小孩，必須啟動一套和成年人相當不同的法律實務程序，社工得介入，也得讓地方政府插手，繁瑣到馬克自己一個人應付不來，可能需要難民協會（Refugee Council）這類經驗豐富的大型慈善組織來幫忙。

仔細端詳了小鄭，我從他的眼角紋看到他的涼鞋裡的腳趾，用我東

方人的經驗看著這位東方人。英國人看東方人的年紀永遠看不準的，我認識幾位臺灣女性留學生，多有在超級市場結帳時被要求出示證件的經驗，因為買了酒，她們得證明年滿十八依法可以飲酒。花信、而立之年被當成豆蔻稍長，常樂得女學生們四處宣揚。英國女人老得快，超過二十，膚容就逐漸粗糙老態，對比之下，東方人的確看起來年輕多了。小鄭到底是真年輕，還是看起來年輕，馬克就把這任務交給我。小鄭眼睛細長，眼角紋不明顯，很難判別。說他年輕，看臉色卻有些風霜；說他老，但舉止又少了些世故。我簡單問了他幾個問題：

「為什麼你會找到這裡來？」

小鄭說：「跟我一起打工的中國人知道我還沒滿十八歲，說我有機會申請身分，就給了我這個律師樓的地址。」

「你住在哪裡？」

小鄭說：「這裡的警察安排的，在一棟房子裡的一個房間，我白天可以出門，六點就要回去。一起打工的朋友說那個地方叫容佛。」

「你來英國多久了？這陣子你都如何生活？」

小鄭說：「住的地方有牛奶和吃的，晚餐他們有時買一條麵包，有時他們給我五鎊讓我買晚餐。」

「他們」到底是誰？社工？移民官員？還是慈善團體？他講不出來。依法他不能工作但卻跟著幾個華人移工在建築工地幹活，這點他倒是沒有隱瞞，順口就說了出來。

英文，他完全不懂；中文，表達上他很稚嫩，我很肯定他不超過二十歲，但到底滿十八了沒？很難說。他到底幾歲，在法律上馬虎不得，未成年者的法律身分就是未成年者，不管國籍為何，是否偷渡，未成年者和那些有父有母、在英國出生、上學唸書、下課踢球的英國小孩一樣，擁有完全相同的權利。在移民實務上，未成年者就是英國政府的孩子，是不是政治庇護申請者則是其次。

英國移民司法案件中，十八歲像個魔咒，英國內政部和某些地方政府就曾因為沒把這議題處理好，被法庭狠狠責罵。一位來自喀麥隆的十五歲女孩T，因為被利物浦（Liverpool）的社工誤認為二十三歲，沒依法將她當小孩養護，放著讓她混跡街頭生活，一個小孩在大人群中被欺

負，等到真相發覺時，這女孩已懷孕，因為被性侵接受心理諮商。利物浦市府為此案給付了T五千英鎊，同時重新檢視了經手過的類似舊案。人權團體強烈指責利物浦市府，因為移民程序上，相較於成人，未滿十八歲的小孩會得到較有利的待遇，地方政府一定要介入、提供全套保障與服務，而不僅僅是移民局的事。即使移民單位不認為這個小孩在原生國家有遭受迫害的事實與危險，認定他不需要國際社會的庇護，這個小孩也有權利得到三年的英國居留簽證，或是合法在英國居留到十七歲半；同時，未滿十八歲的小孩不得因為移民境管的理由而被拘禁。

是否十八歲動輒得咎，到底該如何處理困擾著移民當局與地方政府，最後透過司法審查程序，法庭頒下認定的準則。二〇〇三年時英國高院在移民申請者控訴倫敦萌特自治市（又譯默頓自治市，London Borough of Merton）的官司中，立下了所謂的萌特準則，要求所有的地方政府往後必須依此準則，確保核估年紀時程序要完整，要清楚、透明、公平。萌特準則包括：

一、必須與當事者進行面對面的評估並說明訪談的目的。

二、瞭解申請者的文化背景與過去幾年的生活情形。
三、翻譯者最好也在現場而不只是透過電話進行翻譯。
四、絕對不能只依照外表來評判年紀。
五、如果地方政府不採信申請者的說法，地方政府一定要陳述足夠的理由。
六、地方政府自主判定當事者的年紀，可以不採信內政部移民單位的說法或資料。

萌特市就是溫布敦的所在地，全世界最古老的網球賽每年在這裡舉行。溫布敦球場裡有皇室包廂，當女王或王子觀賽時，選手得向他們屈膝敬禮。場內有尊貴的儀式與傳統；場外就是社會底層移民討生活的市街。

為了判斷小鄭的的年紀，也為了評估他到底是否適格申請政治庇護，在一來一往的問答中，我逐漸拼湊了小鄭的故事，也翻譯讓律師馬克做筆錄。

小鄭的媽媽陳玉嬌很早就去世了，是小鄭幾歲時去世的，他記不得，關於媽媽的事，小鄭都是從爸爸口中知道。家鄉在哪？小鄭拿起筆用簡體字寫下了遼寧省遼中縣養士堡鄉小邦牛村一組。父親在田裡工作，總是看起來很疲累的樣子，父親似乎有病，但小鄭也不知道病名。七月時，父親死了。小鄭唸過養士堡小學和養士堡中學，除了唸書，小鄭還常常參加牧師的聚會，牧師叫鄭興，聚會有時就在小鄭家裡舉行，從小鄭有記憶起，週日就是聚會的時間。小鄭的父親非常尊敬牧師，父親常不在家，就是跟著鄭興到別的村子去聚會，鄭興和小鄭的爸爸跑的地方非常廣，有時候爸爸沒有回家睡覺，可能就是住在外邊村子別人家。有天中午聽到牧師和父親提到警察查了教會，但是教會在哪裡，小鄭並不知道。因為住在學校宿舍，小鄭對父親的事情知道的很少，也沒有跟著父親離開村子過，父親也沒有要求小鄭幫過什麼忙。小鄭的父親常到宿舍看看小鄭，但沒有要求小鄭要常回家，所以家裡有過什麼事，小鄭知道的不多。

有一天，小鄭和父親在家，突然來了警察，小鄭很肯定地說是警

察，因為藍色的制服上寫著中華人民共和國警察，警察抓走了父親，在衝突中小鄭被推倒，人撞到了爐灶，撞碎了的玻璃瓶傷了小鄭，小鄭給我看了他肩頭上的一個疤印。小鄭也被抓了，被抓進一棟建築物，從大門裡進去，被關在一間房間，第一天沒什麼事發生，第二天警察就問了小鄭不少問題。

牧師的角色是律師馬克最感興趣的議題，透過我，馬克追問了小鄭，牧師在聚會時都講些什麼？警察有沒有抓牧師？牧師後來的下落呢？小鄭說，牧師教導他約翰、彼得和保羅都是耶穌的信徒，但是對於基督的言行或教義小鄭說得很少。小鄭說，牧師也被警察抓過。小鄭被警察放出來後，牧師告知小鄭說他爸爸已經死在警察局裡，牧師把小鄭交給一位姓名不詳、從未謀面的中年男人，這個中年男人開車帶著小鄭到機場，八月五日從家裡出發，中間吃了兩餐，也停車上了次洗手間，八月六日到達北京，坐上了飛機就到倫敦來了。怎麼上飛機的？小鄭說他有拿著護照和機票，護照上的相片和名字不是他，但他還是上了飛機。飛機落地倫敦希斯羅機場後，入境前中年男人收走了小鄭的護照，

讓小鄭身上沒有片紙隻字可以讓人知道小鄭的身分資料。他告訴小鄭這本護照還要給別人用，要小鄭排隊入境時跟移民官說他沒證件要申請庇護，以後如果遇到問題可以到中國城，那裡會有中國人可以幫忙。中年男人就此與小鄭分手，小鄭之後也幾次到中國城，在那裡認識年紀大點的人，跟著他們到工地打工。

我懷疑所謂的中年男人與小鄭仍保持聯繫，他就是小鄭在中國城的聯繫人，安排小鄭打工的也是他，他代表一個集團。在倫敦十多年，我碰過類似的集團，他們包辦偷渡與工作媒合，一個人頭計價二十萬人民幣。把人弄來英國的管道大致有兩種，如果是來自中國大陸，先搭飛機到東歐，然後走陸路經過歐洲大陸，再非法入境英國；如果是來自東南亞的華人，則多是持觀光簽證合法入境。入境後很快地就被安排了工作，在餐廳當服務生，在理髮店剪頭髮或在工廠、工地工作。這類集團對於英國移民規定未必嫻熟，比較少安排非法入境者走庇護這條法律途徑，他們安排的人進入英國後，就開始非法工作、匿名生活，邊打工邊還錢，幾年下來賺夠了，讓移民局遣送回國。這類華人移工和來自其他

國家的移工族群很不一樣，我接觸過的來自非洲的個案，都是抵達機場時，把身上持有的所有證件撕了，沖入馬桶，然後兩手一攤，雙掌空空，向移民櫃臺說要申請政治庇護，就讓自己任由移民局處置了。華人移民走庇護這條路的，移民局統計每月僅約數百件，小鄭是我遇見的第一個未成年案子。無論如何，小鄭的故事很難拼湊完全，有太多的細節他不願意說或是說不明白。為了筆錄小鄭的故事，我和馬克做了四次訪談，每次都選在下午四點左右，如此比較不會影響小鄭的打工；每次訪談一個半小時多一點，這樣馬克向官方法律服務中心申請的律師費用以及翻譯費用可以報兩個小時。每次的訪談，我和馬克會重複相同的問題，得到的都是相同的答案，至於有些問題，沒有答案就是沒有答案，始終如一。

同是華人，一回生二回熟，第三次訪談時，小鄭私下跟我講了他的擔憂，怕他的案子送到移民局後他就被留置在收容中心，「被關起來就不能打工了。」他說。我懷疑他賺的錢沒能全放入自己口袋，部分收入被抽佣了，或者要還債，否則他一天賺個幾十鎊，年輕人還在發育，肚

子餓，每天花個幾鎊買些中國菜吃不為過，但幾個禮拜下來小鄭一次比一次瘦，他說，他就是吃住的地方準備的麵包。瘦，也可能是小鄭對自己的未來有太多莫名的擔心，從他打工的地方，聽了太多傳聞和錯誤建議，和他從馬克這裡得到的訊息不一樣，他不知道該相信誰。每次訪談，小鄭都會先問馬克一句話，作完筆錄後你會不會就要送我上飛機回中國？馬克被問煩了，回他說：「就算移民局送你上飛機了，我都可以叫飛機掉頭放你回來。」看著我懷疑的眼神，馬克說，真的有律師同業這樣幹過。如果真有此例，那一定是律師緊急提出司法審查，得到法庭判決，拿著判決要求移民局執行。移民局遣送被喊卡的判決很多，我不知道馬克說的是哪個案子。

小鄭的案子，關鍵還是在年紀，如果小於十八歲，照護小鄭的責任就在地方政府，地方政府得主動介入跟移民局搶人；如果大於十八歲，小鄭就得直接走政治庇護這條路，屆時就看移民局如何判定小鄭遭受宗教迫害的真偽。第二次訪談時，馬克決定送小鄭去照牙齒X光，判讀第三顆臼齒齒根的生長情形，來斷定小鄭年齡，只要官方的法律援助系統

願意出這筆錢。在一九九〇年代，牙齒判讀常用在移民實務上，英國移民局認為這是鑑定年紀最不具爭議的方法，宣稱準確度高達百分之九十五。我向小鄭解釋了判讀的可能結果與後果，小鄭同意了，他願意試看看，冒這個風險。第三次訪談時，鑑定報告出來了，上面寫著：「十八歲又三個月，誤差範圍百分之五，被鑑定者的年齡可能介於十七歲六個月與十八歲三個月之間。」我搞不懂這個百分之五的誤差如何算，但天底下就剛好有這麼巧的事情，我們花了力氣申請到錢，進行了年齡鑑定，結果還是無法判別小鄭到底滿十八了沒。

按照萌特準則，對於當事人是否成年，只要有一絲絲的懷疑，我們就得把他當成未成年看待。因此第四次訪談將是馬克對小鄭的最後一次訪談，接下來整個案子就要轉給地方政府的社工。天曉得接下來小鄭還得面對多少訪談，但我作為馬克與小鄭的翻譯，任務告一段落了。小鄭之後會配合社工的安置程序，住寄養家庭甚至就學？還是就逃離被暫時安置的居所，不再每天回去報到，和數十萬個社會底層的無證件移工一樣，消匿在人海中？

這次將是我與小鄭的最後一次碰面。筆錄結束，馬克、小鄭與我都在最後一頁簽了名字，我和小鄭一起走出馬克的事務所。過了兩條街有家中餐館，不起眼的店面，招牌下寫著一盒五鎊，意思是，五鎊買一個鋁箔紙的飯盒，餐廳裡的菜飯任你裝，填滿為止。我說：「小鄭，你多久沒吃中國菜了？我請你。我自己也想買一份回家吃，你就帶回宿舍吃。」我們一起邊挑菜邊往盒子塞。看他都沒夾蔬菜，我心想這小孩子怎麼這麼偏食：

「小鄭，你也挑些蔬菜，營養比較均衡。」

小鄭的夾子猛往雞肉、豬肉堆裡拿：「我不要青菜，吃青菜會餓。」

「吃青菜會餓。」他連說了兩次。以後我就再也沒見到他了。

14

世界盃足球賽

二〇〇六年，時序來到夏初，英格蘭整個洋溢著雀躍的氣氛，世界盃足球賽的決賽開打了，三十二支勁旅匯聚德國。從小孩到大人，常年為足球癡迷的足球大國英格蘭，今年對英格蘭隊期待甚深，由隊長大衛・貝克漢（其實應該翻譯成貝坎，他姓中的H不發音）領軍的國家代表隊，陣容不弱，包括有捷拉德、藍帕德與剛滿二十歲的魯尼，三位都是首次參加世界盃，不管是輿論或賭盤，都認為英格蘭很有可能進入四強準決賽。英格蘭先在分組預賽中打贏巴拉圭與千里達，然後逼和強敵瑞典，以分組第一的姿態晉級。在十六強決賽中，英格蘭面對厄瓜多爾，開賽六十分鐘時，貝坎在三十碼處猛力一記自由球穿越人牆，直撲

球門，得到致勝的一分，一比零，進入八強。這場球賽中場休息時，英國的能源公司統計發現，整個英格蘭的耗電瞬間衝高，原來緊盯著電視螢幕的家家戶戶都趕快利用中場時間燒開水，百萬多個電茶壺齊開動、泡熱茶，然後好整以暇回到沙發繼續觀戰。

八強決戰賽，德國與阿根廷兩國對決前夕，德籍大學生帕拉・迪瓦帶了一大面德國國旗進教室。大家都對他開玩笑：「這面旗子將只有一天的效用，以後就用不著了。」在這個「帝國學院倫敦」的教室裡，學生多來自中南美洲與印度半島。學生們不是不喜歡德國，而是偏向阿根廷。第三世界人民在一起，惺惺相惜，這種態度，反映在對球隊的支持：為比較窮的國家加油、為膚色比較深的國家加油。

記得一九九八世界盃時，我在倫敦大學亞非學院的宿舍看了幾場球，那大概是英國這片土地上，外籍學生密度最大的居所。英格蘭進球時，竟然全場寂靜無聲。我的臺灣朋友在國王學院看球，經驗相同。在英國求學的外國人，顯然對英格蘭隊沒什麼認同。「這些外國學生，喝英國水、吃英國薯，不少人以後還會留在英國工作。叛徒！」我們戲謔

地說著。最顯著的是，英格蘭輸球時最高興的，一定是蘇格蘭學生，永遠唱衰英格蘭。

德籍學生帕拉並非一直都支持德國。上屆世界盃時，他人在德國唸書，德韓大戰，他為韓國加油。帕拉三歲時跟隨父母逃避內戰，從斯里蘭卡移民到德，儘管德語是他第一語言，膚色還是不同於日耳曼人。當時帕拉念中學，學校在禮堂擺大電視，全校集中看球。數百學生中就只有帕拉和一位蘇聯裔學生一起揮舞著自製的韓國國旗。老師說，你們是德國人，怎不為自己國家加油。帕拉答，我們來自亞洲啊。現在，旅居英國，帕拉反而對與德國相關的一切，覺得熟悉與懷念。他說，以前支持韓國，是平常受了太多白種小孩的欺侮，生活中充滿太多不滿。

在英臺灣人支持英國隊嗎？沒統計，我不知道。臺灣人有千百種，態度各異吧。我曾聽嫁英國夫婿的臺灣媳婦抱怨，倒楣才嫁在英國，她逼著洋婿講中文，她說有朝一日一定要回臺灣。不少臺灣朋友在英國生活久了，反而說不清楚自己是否認同英國，因為愈深入接觸英國社會，在職場上求生，愈能感受到有一道隱形的藩籬區隔著白種人與非白種

人。英國，感覺苦甜參半吧。久居倫敦的臺灣朋友與故鄉家人通訊時，常會稍微美化一下英國的生活，倫敦居比起臺北居，的確有比較舒適之處，但主要還是讓家人不要太擔心。臺灣姑娘阿咪，她的部落格盡是和英國夫婿的合照，庭院、田園當背景，看起來王子公主此後永遠快樂幸福，阿咪跟我說，辛苦當然自己心裡吞，哪會公開示眾。她以婚姻關係居留英國兩年後，申請了英國護照，會不會從此有了大不列顛聯合王國的國家認同？阿咪回答，誰知道。她愛家、愛倫敦的綠地、風景，這不用說，會不會揮舞著代表英格蘭的聖喬治十字旗？再說吧。阿咪說她管著柴米油鹽醬醋茶，沒空管什麼英格蘭足球隊，但世界盃一到，她老公人都黏在電視螢幕了。

英國文化評論學者 Terry Eagleton 說：「足球是民族鴉片。」抽鴉片，不傷及他人，是逃避體制的個人解放。但是民族鴉片，擺明了就是藉民族主義以號召團結，用來穩固統治階級的領導，並遮掩社會內部矛盾。英國球迷便是民族主義的典範，英超足賽老是打群架的球迷堆裡，不少新納粹黨徒。別以為街頭打架是逞個人之勇，球迷們開賽前一個月

就要預謀，除了動員、租遊覽車、安排共乘之外，球迷幹部得會勘場地，安排街鬥動線與逃亡路線。重點不在打架，而在於那支撐團體、連結成員的共同情感與球隊認同。積極幹架的球迷，有自雇營生者、有所謂社會畸零人，有一定程度的活動自由，不受體制朝九晚五綑綁，他們在體制中受的委屈，轉化為對球隊的忠誠。國際賽時，球隊忠誠便等同民族主義，其中機制，本土／外來是重要的分類範疇，外國球隊如同外來移民，都是敵人。在二十一世紀初的俄羅斯，經濟衰遲、貧富過距，新納粹黨歸罪於所有的外來人，見黃皮膚就打，因為是「他們」搶走了本勞的工作、「他們」賺走了俄羅斯錢。這與俄羅斯人輸球後在街頭痛揍日本人，同樣道理。我弟弟長年住波蘭，說不管是國內賽或國際賽，波蘭人輸了打人、贏了也打人。他這個黃種人，沒人在乎是來自泰國還是臺灣還是中國，幾次成為騷擾挑釁的目標。

民族主義以民族認同為基礎，但民族其實是人為建構的概念，不是渾然天成的自然產物。英國南方普萊茅斯（Plymouth）有小鎮，居民祖先是道地的英國原住民，不像英格蘭人是日爾曼或諾曼人後裔，論血統

與現今的蘇格蘭人較接近，但是數百年來一直被當成是英格蘭人，也自我認同是英格蘭人。就好像臺灣鹿港鎮旁邊，福興鄉粘厝庄，「鹿港施一半，福興粘涕涕」的廈粘村與頂粘村，移民來臺三百多年，居民言貌與講臺語的道地本省人一模一樣，出口便是濃濃的鹿港味泉州腔；他們其實是女真族完顏阿骨打的後代，鬍鬚的顏色與漢人不一樣，論血統比外省人還外省人，但不會有人當他們是外省／外族人。民族是人為建構的，民族主義作為區隔「他們」與「我們」的工具，一直是強而有力的動員人民工具。「族群」差別是社會不平等的根源嗎？不是，相反地，族群團結與土地認同的口號往往遮蓋了真正的社會議題。例如：蘇格蘭喊了一千三百多年的蘇格蘭魂，蘇格蘭貴族藉此號召蘇格蘭農民，宣稱他們的敵人是英格蘭人，遮蓋了欺負蘇格蘭農民的正是蘇格蘭貴族這個事實。臺灣的建國黨還存在時，有年慶祝婦女節，曾在黨部播放梅爾吉勃遜的《英雄本色》，希望婦女同胞可以因感人的電影被召喚出建國情操。這部蘇格蘭人灑熱血追求自由的傳奇正好可以被另類解讀：英格蘭被打退了，蘇格蘭農民還是農民，貴族還是貴族。當年的建國黨到底想

建啥國呢？建他爸爸的國。

民族認同的建構過程，其實伴隨著一堆神話（Myth）的建立，譬如統派要建構「中華民族」，不只強調「炎黃之裔，厥惟漢族」，連臺灣的原住民也說是炎黃子孫；獨派則強調臺灣的海洋文化勇於冒險、迎向世界，不同於中國保守、陳舊的大陸文化。大陸文化果真封閉積萎的話，怎麼會有橫越歐亞的絲路？又怎會有「漲海聲中萬國商」的泉州，唐宋時期便通商亞、歐、非數十國？

Terry Eagleton 論民族主義與足球時尖銳的語言不少，他說：「今日的足球與保守黨完全吻合，它的代表人物就是臣服、順從的貝坎（貝克漢）。球衣的紅色不再是布爾什維克（Bolsheviks）。」的確，昔日足球本是工人階級的運動，曼徹斯特的勞動者博物館，有一區展示足球史，說明足球隊原本是工人社區俱樂部。曼聯隊開打時，球迷高唱的隊歌：

榮耀、榮耀，曼聯隊，
當紅衣隊伍前進、前進，

我們將紅旗高舉飛揚，
我們是紅衣男孩，前進溫布利……

歌詞中的「紅」，其實是有共產主義淵源的，曼聯隊有共產黨血統。足球的全民化、商標化，恰好是對勞工運動的背叛。別以為資產階級也瘋足球，坐在同一個看臺上，就代表眾生平等了。今日英國仍有許多運動，還是菁英關起門來的特權。例如馬球，打一場，食物、配備與運馬費每個人得花個臺幣三十萬或更多，就算你有錢還得人家願意讓你加入球隊。還有豪門莊園裡的私人運動會，你若不是公爵的血親、姻親，必得是商場的伙伴貴人，才會受邀。這些競技，專屬於金融資本、開發商、石油業與武器工業，他們是鄉間莊園裡的特權俱樂部，門檻很高的。

足球的全民化，本質是商品化：與社區脫離，向世界市場與品牌招手。所謂商品化，就是人家流行什麼，得跟上腳步。什麼人講究流行與品牌？怕被孤立的人。怕孤單是現代的常態，是正常的，面對龐大的世

界、複雜的社會，常人難能安身立命，心中難能踏實舒適，向流行靠攏是安全的出路，在流行裡找到自我認同。所以，英國名牌 BURBERRY，臺灣媒體幾次報導陳水扁總統的家人頗著迷的這個昂貴牌子，已變成英國中下階層足球迷與青少年混混（Chav）的標準穿著，BURBERRY 成為打架鬧事足球流氓的全國性標誌，位階高於足球隊制服與圍巾，這是二〇〇二世界盃後逐漸浮現的現象。二〇〇六世界盃的流行新趨勢，則是中產階級向混混們看齊。《衛報》報導，車窗上插英格蘭旗為英隊加油，二〇〇六年比二〇〇二年還盛行。以前是青少年的爛車或工人的箱型車、小貨車這樣搞，二〇〇六年世界盃期間，VOLVO 與 BMW 的車主也插上旗幟了。《衛報》說，這是今年的 Must Chav（非得學小混混一般不可），成人裝酷成為流行。

世界盃也是英人少數可以公開展現民族主義的機會。不列顛聯合王國沒有雙十節也沒有獨立紀念日，除了奧運，沒啥機會公開揮舞不列顛的米字旗。儘管英人知道米字旗沾滿了殖民血腥，可是看看美國的星條旗，美國在二戰後出兵至少五十個國家，殺的人不少於英國，人家還不

是常常揮舞國旗？這點，某些英國人總是有點鬱卒。右派報紙老問，為何我們不會光榮招搖地揮舞 Union Jack（不列顛王國旗）？足球賽，至少提供英格蘭人揮舞聖喬治旗（代表英格蘭的旗幟）的機會，民族主義者得以發洩點愛國情緒。只是，他們不知，作為英格蘭守護神的聖喬治，他是穆斯林教義中為信仰而獻身的烈士，父親生於土耳其，母親來自巴勒斯坦，而他成長於巴勒斯坦。英格蘭人早已忘了，原來他們揮舞的國族認同標誌源自中東。

在倫敦新金融區，足球的流行被轉換為社交利基，二〇〇六年的足球派對比上屆多。跨國律師事務所、銀行總部、會技師事務所等，廣發邀請帖，英格蘭出賽時，公司高層們與客戶在大會議室或大樓大廳邊看球邊聊。一堆人西裝領帶，雖然沒有黑領結和禮服，但是紅酒、點心等排場一樣不少。這些派對還重金聘退休的球員或過氣的電臺主播為球評，在宴會現場講球。不過這角色很尷尬，常常一人獨白九十分鐘，沒人理會。

看足球，當然是人愈多愈好玩，日本與澳洲在分組預賽對戰時，我

被日籍女友拖著跑到日本人聚集的地方看足球。因為英國人不關心日本與澳洲的輸贏，一般的酒吧不播放此戰，但我們有幾個選擇：一個是在日本報紙上登廣告，入場費要八鎊的酒吧，算起來兩人要十六鎊，只好放棄。地點二是在地段昂貴的倫敦西區，一家跨國大藥廠的子公司，專門進行人體試驗的生技公司，平常總是徵求不到日本人來作試驗，世界盃期間特別免費提供日本啤酒、點心與場地，在日隊出賽時大銀幕轉播，我和女友在此待到上半場；下半場，換到某間小酒吧，不用入場費的，但不會很擁擠。因為該酒吧有日籍ＤＪ，平常賣日本啤酒，所以才播日澳戰。現場日本人居多，只有四個白人老澳，一看就是從辦公室溜出來誤闖日本人的地盤。反正黃種人白種人各喊各的，互不理睬，相安無事。球賽畫面帶到了觀眾席上的澳洲區時，我注意到，一片白面孔中有一黃臉孔女性，在日隊進攻、眾澳人寂靜無聲時，獨自起立奮力為日本加油，身影孤單但雀躍而無懼。她顯然是與澳客丈夫一同觀賽的日本太太，夫妻坐在一起但分別為不同球隊吶喊。我喜歡這畫面，因為我支持日本隊，是被迫的。

15 黑潮與黃潮

黑女婿

我在東倫敦的中國餐廳初遇傑森太太，坐在鄰座，她髮色淺棕、白皮膚、碧眼高鼻，對著我說 Ni Hao（你好），手上抱著個黑白混血的嬰兒。

偶爾路上會碰到會說幾句中文的英國人，對著我說「你好」。傑森太太的「你好」，帶著點西洋腔，我想大概也是從雅虎的國際聊天室上學來的。

「你好。」我禮貌性地回應：「How long have you been learning Chinese?」

（學中文多久了？）

「我是中國人，你可以跟我說中文。」傑森太太回答。

「啊？」我楞了一下，因為她看起來像是東歐或北歐人。

「我是新疆人，我來英國不久。」

「喔。」

她丈夫傑森回到座位，自我介紹：「我是黑中國人。」他來自奈及利亞，在新疆生活兼學中文。

傑森太太忙著跟餐廳的服務生解釋：「我是中國人，我說中文。」傑森和我聊。他問坐在我對面的女友：「妳是他太太嗎？」我楞了一下，很久沒被問過這種涉及私生活的問題。我和傑森初認識，第一個感覺就是個淘氣的黑人，很東方。我笑著把傑森的問題翻成英文說給女友聽。

我的女友來自日本，我們初識時，她是以學生簽證來英國居留，後來兩人在一起久了，她便申請伴侶簽證，以要與我共同生活的理由繼續在英國居留。伴侶簽證是一項英國有但臺灣沒有的制度，不管兩人的性

別、性向為何，不管有無結婚，只要能證明彼此的伴侶關係，就可申請伴侶簽證，效力相當於婚姻簽證。還記得她向英國駐大阪領事館申請簽證時，很苦惱拿不出很多具體的證明以證實我們的關係。不像臺灣駐東南亞的外館實行配偶面談時，受訪的外配通常都能出示婚禮、生活、一起旅遊的照片佐證，我和女友竟然沒有什麼合照可以示人。那時還沒有智慧型手機，沒有自拍，我們結伴到歐洲諸國時，都是你拍我、我拍你，哪來的合照作佐證？後來我與在臺灣移民署工作的朋友論及外配面談措施時，就拿女友的例子來說明，拿不出佐證，並不代表就是假結婚，我們外交部與移民署的官員應該理解這點，不應用硬梆梆的條文規定來檢視真假。

傑森是伊斯蘭信徒，我和他聊起了奈及利亞。論人口數，奈及利亞是非洲最大國，英文為通用語言，世界主要移民輸出國之一。我的奈籍朋友們常說，奈及利亞移民滿天下，像中國人一樣，已經多到令白人懼怕的地步。我總會修正說：不，是像日本人或臺灣人一樣。世界各角落也盡有臺人與日人。

以南美洲為例，處處都有日裔移民的後代，這些不會說日語的日本人，在巴西與秘魯，特別常見他們的足跡。受日本政府的欺騙與驅使，窮苦的日人在一八八〇年代開始踏入世界移民潮，二十世紀初，第一批移民抵達巴西，在三零年代急速擴張。二次大戰期間，日本人在巴西有將近二十萬人。這些日本人的後代，不少人依仍窮苦。二十世紀末，巴西籍、日本姓、說葡萄牙語不會說日文的年輕人，再掀移民潮，移民到日本打工，是TOYOTA工廠的主要勞動力。血統上他們是日本人，卻也是日本的外勞，TOYOTA城（豐田市）的最大外來族群。

奈及利亞人，論數量，論坎坷，有日本移民驚人嗎？

奈及利亞移民被西方輿論稱為「黑潮」或「黑禍」，用來對比中國大陸移民的黃禍或黃潮。為何不是拿日本或臺灣移民來類比奈及利亞呢？六、七十年代多少臺灣移民曾跳船與跳飛機，在美國端盤子、露天睡後巷？為何奈及利亞與中國大陸移民會被西方主流媒體歸為同類？為何ABC（在美國出生的華人）在臺灣輿論上的形象是高人一等，例如：臺灣明星小S嫁的男人；連戰家婚宴上說話中英夾雜的年輕賓客；

而中國大陸移民的形象就是黃禍？

記得看到一篇花邊，小S說，她偏好和ABC相處。我想這些人的說話與生活，提供了小S某種不用說英語就可以沾染的異國情調。這些ABC的父母，不就是當年的移民？為了取得身分，坐移民監、拿觀光簽證逾期居留，聽從仲介或律師的指示，財物紀錄上造假、轉帳。

現在臺灣社會以讚譽的眼光看著這些外黃內白的臺灣人，特別是強調臺灣文化迥異於中華文化的主流媒體。呂秀蓮副總統便曾自豪地說：「我們是海洋文化，代表創新冒險；不同於大陸文化的守舊落伍。」可是，她貶抑的守舊落伍的大陸，在國際上竟然是移民輸出大國，這不夠創新冒險嗎？

哪個國家不是移民輸出國？白人畏懼黃禍時，忘了最恐怖的移民潮其實是白人。紐西蘭，澳洲與整個美洲，這些土地原來與白人一點關係都沒有，只短短數百年間，全為白人掠奪侵佔。

臺灣的商業雜誌訪問連勝文，談他的空中飛人生活：假期在飛機上渡過，輾轉國際城市，以眾旅館為家；蕭美琴初當立委時投書《中國

時報》，主張開放簽證居留權利，給予白領專業的外籍人士方便。這是主流媒體對跨界旅人的描繪：高級商務人士，視野開放，國家應積極籠絡。

我認識的跨界旅人，樣態很不一樣。例如巴西學生克蕾迪・加藤，克蕾迪是葡萄牙名，加藤是日本姓，她家鄉在巴西的貝拉奧里藏特，這城市名字的意思是美麗的天際線。他的父親在二〇世紀上半葉，跟隨日本政府鼓勵的移民潮，和二十多萬勞工從日本移居巴西，落地生根。幾年前克蕾迪十九歲時，跟著哥哥到了日本的豐田市在豐田汽車廠工作，作了三年後，獨自一人到英國，在「帝國學院倫敦」註冊，用學生簽證的名義找工作，轉眼又過了三年。講著葡萄語有個亞洲臉孔的她，看起來和一般日本學生就是不一樣，沒有日本人應對進退上的客氣禮節，但有種獨來獨往的韌性。問她在日本時，有沒有回到祖國的感覺，她說沒有，不管是法令制度上還是生活相處上，她就是「外人」。克蕾迪知道在日本有不少父親那一輩的親戚，她和哥哥有沒有起心動念想要找找這些叔叔伯伯？她說不必要，除了言語不通外，拜訪了也不知要談什麼。

在巴西，她是少數族群，移民的第二代；到了日本，也是移民、少數族群；到了英國，更是少數中的少數。克蕾迪沒有刻意結識同在英國的巴西同鄉，也沒有特意與倫敦的日本社群往來，從美洲、亞洲到歐洲，跨國界生活的旅人克蕾迪，很少有長期聯絡的朋友，但朋友來自五湖四海，走到哪就認識到哪。

這才是全球化浪潮、世界分工體系裡，真正跨國生活的人，他們是在臺灣為數近百萬的「外籍勞工」與「外籍配偶」、是紐約華人餐廳的「黑工」、在豐田市的日裔巴西人，以及在世界各角落工作的奈及利亞黑人。他們是全球化的先驅、重要勞動力；但也常是各國境管法律歧視下的受害者。這是連勝文與蕭美琴不懂的世界，真正的國際化世界。

想當臺灣人的悲哀

二〇〇七年五月，《聯合報》與《中國時報》接連兩週報導「臺灣太太，黑女婿」，一群奈及利亞籍夫婿處境困頓：他們想申請歸化中華民國國籍，卻因為提交的無國籍證明有問題，連帶地居留權也被取消。

在臺者，淪為黑戶；在奈者，無法入境臺灣與妻小團圓。臺灣駐奈及利亞單位發給外交部的電報裡以「無誠無實、無恥卑劣」，形容這群申請歸化的奈籍人士「不良意圖」。

奈籍夫婿的意圖為何？就是想當臺灣人，所以他們在臺灣繁瑣的境管法令中糾纏，絞盡腦汁、多方求取一紙無國籍證明，想完成歸化手續。外交單位竟認為「想當臺灣人」是不良意圖。此公文蘊藏的種族主義十分可怕：認為非我族類來歸化，是對我臺灣人有害，或來佔便宜的。特別是一群黑人想來佔我們臺灣女兒的便宜。

黑太太們自力救濟透過部落格相互聯繫，有位邱太太見到我常在《中時晚報》的專欄談移民議題，與我通電子郵件，討論法規與程序。她說辦證件時，我們的駐外官員好心地說：「有臺灣女生就是被黑人騙了」，提醒她是不是被騙了。官員勸她多想想，「妳學歷那麼好，為什麼要嫁黑人。」

以刻板印象看移民，不獨存在於臺灣，在歐美，白人社會也是以此態度對待亞洲移民、臺灣移民。移民真的會帶來不良衝擊？所謂的移民

／外籍配偶問題，問題根結恰好不在移民，而在於本土。英國為例，第四頻道紀錄片的研究證實，移民的經濟貢獻遠高於他們從政府得到的福利好處。英國內政部在國會公佈的二〇〇七年估計數字，認為移民貢獻了全英十～十五%的經濟成長。英國少不了這些移民。

臺灣也是，臺人從移民得到得好處比移民從臺灣得到的好處多。移民的存在，減少了國家與資本家許多間接性工資的支出負擔，特別是在家務與幼老照護上。講白點，外籍女性在臺灣，被賦予傳宗接代責任，兼照顧老人、小孩和幫傭。一人扮演多重角色，還被歧視。但臺灣駐越南、印尼等單位如何看待？認為窮國家女性來臺，是因為臺灣為打工天堂，來淘金的。移民與本土社會，關係本質為互相依存，但外交與境管單位常以天朝大國自居，睨視窮國異族的心態表現在居留審核實務上。

我政府駐外單位說奈籍夫婿意圖不良，當然是種族歧視。試問，如果是日本或美國人想歸化臺灣，外交單位敢膽如此指責？媚西洋、賤南洋並歧視黑人，是臺灣社會成見。你是黑人，證件百分百為真不保證可過關。臺灣政府不喜歡你就是不喜歡你，證件真假不是充要條件。

外交單位話會講得如此重，另有原因。臺灣法律規定，外國人如果想申請歸化中華民國國籍，得先放棄原國籍，確實有奈籍男性想要在不放棄原國籍的情形下，歸化中華民國國籍，他們提出的無國籍證明或放棄原國籍證明，的確有問題。奈籍人士申請歸化，想保有雙重國籍，其實只為生存便利，但碰上臺灣權責機關對其審核特嚴，所以出事。重點在於，臺灣人歸化英美，無須放棄臺籍；外國人歸化臺籍，卻得放棄原國籍。臺灣這種單一國籍的規定，限制不了那些取得英國、美國、加拿大等國籍的臺灣人擁有雙重國籍，卻只能逼迫來自東南亞的外配與來自非洲的奈籍夫婿放棄原籍。管不了有錢移民歐美的雙重國籍臺灣人，只能限制婚嫁來臺的，較弱勢的外國人，這樣的移民實務嫌貧媚富，真有其必要？想當臺灣人就不能同時也是外國人？以英國為例，他們的內政部在官方出版品上就公開如此說：「成為英國公民，不代表放棄你原來的認同」，這段話見於《Life in the UK》（在英國生活），這本書是每個想申請在英國永久居留的外國人，參加英國生活常識考試時必讀的教科書。英國政府認為，你做為英國公民的同時，還是可以愛你的原生國

家，相較之下，臺灣的觀念與制度褊狹。

外交部對奈及利亞從嚴審核，理由是奈及利亞騙案多。的確，這是奈及利亞的國際印象，在英國Ebay（購物網站）上，也常看到手機賣家特別聲明：不寄貨物到奈及利亞。這類的奈及利亞印象，是一竿子打倒一國人？或真的反映了普遍現象？外交部的指控，除了個案依據外，有多少統計數字實證？相較於臺灣，奈籍人士犯罪率高嗎？當臺灣中小企業流行一個公司有三本帳簿，普遍造假帳，包括買人頭造薪資以及低報勞保薪資時，我們是以怎樣的標準在指控奈及利亞？Ebay上，賣家提防奈及利亞買家；但買者看到貨物所在地是臺灣時，也會特別提防，這當然對臺灣賣家不公平，因為不是每個臺灣人都會造假、賣劣品。政府與一般民眾錯把種族作為評判的依據時，族裔因素，被誇大；面對自己生長的本土社會時，卻常無視自身的罪惡叢生，一副清純無辜狀。

移民大國奈及利亞走過的路，臺灣也走過。臺灣經濟起飛之初，「臺灣製」名號響遍世界之前，臺灣被視為信用狀詐騙大國。利用跨國金融體系騙取貨款，使得美國製造業看到臺灣信用狀，特別提防。這正

是今日奈及利亞處境。

批評奈籍人士為歸化而造假之時，也看看臺灣人如何為跨越國境造假。現在持中華民國護照者，可以享有一百六十四個國家的免簽證（或落地簽、電子簽證）待遇，可是二〇〇八年以前，臺灣人到美國、歐盟與英國等，都得簽證。在美國的臺灣留學生，想到英國走走，得花上一個月以上申請簽證；在法國的到英國，或在英國的訪法國，同理亦然，儘管只有一水之隔，搭火車、經海底隧道，兩個多小時就到彼岸了。曾經我的日、韓朋友心血來潮說，明天我們開個車到法國買買東西，住一晚，然後回來。我說，拜託，想到法國，起碼請兩個月前通知我，我得準備簽證。記得有幾個冬天，耶誕節前，法國駐英大使館前，申請簽證的人排了幾天幾夜，在冬風雪雨中，有的在人行道上搭起了帳棚，人龍中就有臺灣學生。申請簽證要求的資料，有的不合理，有的難辦到。怎麼辦？造假或蒙混。在英國，臺灣人開的旅行社會協助提供「暫時的」機位與旅館訂房證明，以免簽證被拒時，退訂耗錢又麻煩。這是境管實務的遊戲規則，庶民對抗無理且不必要的瑣碎規定的生存方法。部分臺

灣留學生造假是事實，但如果外國外交單位用狡詐之類字眼指稱臺灣，國人如何想？

奈籍人士案，道理相同，其造假，更值得討論關照，因為造假不是為了休閒旅遊，而是為了維繫婚姻生活，是生存問題。奈籍個案多在臺住了十多年，落地生根，居留權卻突然被否決，是把植物突然拔離土地，如何活？黑女婿與配偶同住，是婚姻移民的基本權利，除非法律有明確規定，行政機關不能貿然剝奪；合法的婚姻生活，不能任由行政機關拆成妻離子散，臺灣外交單位在此案上確實侵權了。

黑女婿們的案子糾結許久，與一開始外交部拒告知簽證拒發的原因也有關。領務局在網站首頁強調：「依國際法一般原則，國家並無准許外國人入境之義務。依據國際實踐，簽證之准許或拒發係國家主權行為，中華民國政府有權拒絕透露拒發簽證之原因。」外交部就依此不告知拒發簽證的理由，讓當事人自己揣想、摸索，不知下一步該怎麼辦。其實領務局網頁上的話字字皆錯。

依國際領務實踐，政府無權拒絕透露簽證拒發原因，恰恰與臺灣領

務局的說法相反。英美法為例，任何行政決定，都可以提起司法審查（Judicial Review）。透過此機制，行政單位不可能不告訴法官與申請人拒絕簽證的理由。歐洲人權憲章與歐盟憲政規範下，大陸法系國家也多相同。

實務上，國際諸國告知簽證拒發的理由已成常態。我自身為例，英國政府曾拒絕我簽證，但清楚載明理由與主張，並提供救濟資訊，例如上訴管道。我為臺灣同鄉處理他們被拒簽的個案，例例皆如此。

國家並無准許外國人入境之義務的說法，也悖離事實。歐盟國家針對非歐盟籍配偶「遷徙權」（right to move）的規定與措施，便清楚宣示人民與外籍配偶的結伴出入境權利。當外籍人士的出入境事宜，涉及夫妻共同生活時，入境遷移為基本人權，禁止為例外。

外交部錯解主權觀念，致說法錯誤百出。主權屬於人民，不屬於政府，政府只是代替人民行使主權。核發簽證在法律上為行政行為，行政行為與決定，不是行政單位說了就算，得受司法制衡。當拒絕核發簽證影響到了臺灣人民福祉時，外交部必須受到訴願委員會乃至法院的審

查，並且得符合行政法的合理性原則。拒發簽證是不是主權行為根本不是重點，重點是外交部不能也不該認為自己的決定是可以不告知理由的，更不該以為簽證給予與否，完全操之在外交部的裁量。行政權不是皇帝，簽證不是御賜的恩給。即使只是觀光客入境，審酌簽證若不符比例原則或涉及非法種族歧視，就得受到人民與司法的挑戰，這才是國際移民法的慣例。

外交部曾有公文說：「外國人與我國人結婚，並不構成發給其來臺簽證的必然條件」，此說當然也完全錯誤。配偶團聚，基本人權；以婚姻為移民、生存手段，天經地義；拆除鴛鴦，法理不容。中華民國國民的生存需求，外交部必須服從，給予簽證是義務，禁止為例外，否則就是對憲法保障權利的侵犯。

二〇〇八年年初，這些糾纏多年的案子，初見曙光，中華民國政府終於核發了第一張簽證讓一位黑女婿來臺，一家三口團圓，雖然簽證只給與短短兩個月，這是臺灣尊重移民人權的可貴一步；二〇〇九年，監察院引述我在報上批評外交部與領務局的文字，進行調查，確認「外國

人士與國人結婚，其組合係為本國家庭」，清楚宣示：女婿是家人不是外人。監察院進一步支持我的看法，駁斥外交部說的「外國人與我國人結婚，並不構成發給其來臺簽證的必然條件」，確認其說法有錯，同時也糾正了領務局的說法。

從此之後，原本特別標註在領務局網站首頁頂端的這一段話：「依國際法一般原則，國家並無准許外國人入境之義務。依據國際實踐，簽證之准許或拒發係國家主權行為，中華民國政府有權拒絕透露拒發簽證之原因。」就因為我的批判，被監察院打掉，從首頁挪開了。

16 對革命的背叛

連續兩年，每隔週的禮拜三清晨，我跟著一群英國工運朋友到東倫敦的達格納姆（Dagenham）發傳單，那裡有全英國最大的汽車製造基地，大小廠房群聚，都屬於英國福特汽車公司，全盛時期有四萬名勞工。清晨發傳單，最痛苦的是寒天站在廠房門口，強風冷冽，穿再多的衣服總嫌不夠。常常是是五點上了朋友的車子，駛過幾個住宅區，天色黝黑，車頭燈會照見路旁啃食垃圾包的狐狸，然後上A124公路到達格納姆。二〇一〇年有部電影《鐵娘IN工廠》，描述的就是達格納姆福特汽車廠女工罷工的真實故事。一起發傳單的工運朋友都是馬克斯主義者托洛茨基派，托派在歐洲乃至英國政壇頗有力量，法國國會、歐洲

議會、英國工黨內都有好幾席托派。托洛茨基主義六十多年來是西歐左翼的基本共識，深刻地影響了歐洲政壇，但托派善於自我解裂，同樣追隨托洛茨基主義者，分裂又分裂，分裂的結果團體愈來愈多，也愈來愈小。我的托派朋友，就是英國二十五個現存的馬克斯主義團體的其中一個，二十年來在達格納姆廠區發傳單、發工人刊物從不間斷，但二十年來其政治影響力也就一直侷限在廠區。每兩個月的第一個禮拜三，我們會在發送傳單刊物的同時，也接受捐款，工人們一個個把五便士、十便士、五十便士的零錢放到我們手中，累積起來也不少。

參與他們的活動，是因為我對他們的讀書會有興趣。托派這個名詞在臺灣意義不大，主流政黨民進黨、國民黨都是右派政黨，輿論左右分不清，在臺灣寫文章或做政策辯論，能把社會主義概念談清楚就很難得了，侈言分辨托派與史達林派的異同。托派在共產主義統治的中國大陸則一直是禁忌話題，卻是共黨崛起的要角。中國托派領袖陳獨秀，他才是北京大學風潮與五四運動的引航者，而不是中共吹捧的魯迅，也不是國民黨哄抬的胡適。儘管陳獨秀從中國共產黨成立起就連任中共五屆領

導人，但毛澤東建立中華人民共和國後，托派被關、被禁，中共抹煞中國托派的存在、禁止人們討論，反而引起我的好奇探秘。

達格納姆的托派朋友也歡迎我的參與，歐洲托派認為，蘇聯建立初期托洛茨基與史達林在路線上有三大差異：一、中國問題，二、俄羅斯的農民問題，三、社會主義的國際化。在中國問題上，陳獨秀等人反對共產國際的國共合作路線，他們反對中國共產黨加入孫中山領導下的國民黨，但被迫接受共產國際的指令。後來國共分裂，在共產國際與中國共產黨協助下北伐成功的蔣中正，反過頭來清黨，逮捕共產黨員，陳獨秀被共產國際檢討，批判他是向國民黨妥協的機會主義者。這確實頗冤枉，國民黨得共產黨的輸血而壯大，國共合作造就了蔣中正；共產黨賣苦力後被蔣翻臉屠殺，而共產國際把失敗責任全推給中共的創立者陳獨秀。這段糾葛的歷史，臺灣社會裡少聽聞，達格納姆的托派朋友卻常與我討論。

其實在英格蘭就存活著這段歷史的見證者。托派要角，中國共產黨左派反對派黨報主編王凡西，一九〇七年生，留學蘇聯，一九二八年成

為莫斯科中山大學托派祕密組織的領導人之一，後來流亡澳門，一九七五年到英國，住在里茲大學旁，一住二十七年，直至二〇〇二年以九五高齡逝世。王凡西親身見證了蘇聯共黨內部派系之爭，如何地左右了國共的分分合合。他坐過國民政府的牢，被中國共產黨通緝，直到英國學者邀約到里茲後，才安定下來。王凡西是華人世界的稀有人物，在世界史有其地位，英國《衛報》在訃文版讚稱王氏「影響世代學生」，受其啟發的有香港托派組織和歐洲諸左翼政黨老中青各代。一九九〇年代的里茲大學其實頗有些臺灣學生，不少人唸MBA，而不是里茲大學聞名於世的東方研究，自然也不知道身旁就活著這麼位傳奇華人。臺灣海峽兩岸對歷史的詮釋，都無托派位置，因為托派是失敗者，而歷史是贏家的書寫。不過王凡西與他的同志的傳記、書寫，被翻譯成各種語言，影響著達格納姆托派這類團體。

和達格納姆托派朋友討論文獻，意外發現個鮮未人知的事實，和王凡西等差不多同時期留學蘇聯的蔣經國，不只是共產黨員，還是共產黨裡的反對派，托派祕密組織的成員，難怪他被蘇聯共黨放逐西伯利亞。

閱讀著陳獨秀、王凡西等人著作的中文原文，我也和托派朋友們爭論一些不同的見解。例如陳獨秀在一九三〇發表的《答國際的信》，若只讀這文件的英文翻譯，會覺得陳獨秀公開地承認了他個人犯了錯誤，但細讀中文原文，可以發現，陳獨秀的自承錯誤只是態度上的謙虛，他真正的用意是點出共產國際路線上的錯誤。幾十年來歐洲托派都誤解陳獨秀了。

我和臺灣社運前輩蔡建仁先生討論過達格納姆托派的朋友，蔡先生於英國華威大學研究法律社會學時，該校法律系以激進法學教育聞名，但蔡先生敏銳的洞見來自於他對全球化的關注。蔡先生提醒我，達格納姆托派二十年來始終如一，恰也證明他們無力面對世界變局。

但達格納姆托派對他們的廠區路線相當堅持，固執到潔癖的程度。以前在臺灣參與社運時，最讓我頭痛的就是運動路線的辯論，吵架的各方努力證明自己才是最進步的理想主義者，其他人都是妥協主義；人到英國後，我儘量避免捲入類似的爭論，我相信社會運動是社會進步的動力，但不相信在資本主義社會中會出現一場翻天覆地的革命，一瞬間就解決了所有資本主義所製造的問題。我被達格納姆托派說成是漸進式的

改革者，我的移民法律服務工作，被他們批評無法解決全球化所帶來的移民問題，這批評有其道理；不過，每次處理完一個個案，有點小小的成就感，這對我就夠了。即使左翼的朋友們會說，這是對革命的背叛。

就好像我常去的NOODLES麵店，附近的「帝國學院倫敦」這個補習班，裡面多是第三世界國家的年輕學生，拿著學生簽證在倫敦謀生，他們生活上遇到的問題就很難視而不見。

馬利・蘇丹是來自巴基斯坦的學生，他到「帝國學院倫敦」是因為堂叔的介紹。堂叔二十多年前落腳來英，蘇丹的父母都很放心自己的小孩到倫敦後有個親族可以靠依。有天蘇丹約我在NOODLES碰面，激動地說他要割了他堂叔的喉嚨。為什麼？因為蘇丹想請學校開個就學證明，以便申請學生簽證延簽，蘇丹的堂叔主動協助和學校的行政單位打交道，然後索費五〇鎊。因為蘇丹來英的一切都是堂叔打理，包括找學校、繳學費、租房等，因此五〇鎊蘇丹乖乖交給堂叔。後來蘇丹發現若自己直接跟學校要證明，根本不用花一毛錢，深深覺得被親族背叛，之前對堂叔的信賴是對蘇丹家的侮辱，氣得說為了家庭的榮譽一定得給堂

叔一個教訓。蘇丹的堂叔其實就是「帝國學院倫敦」的仲介，像這樣的仲介很多，沒有薪水只抽佣，再來就是巧立名目向學生收費。堂叔想拉學生來倫敦，當然是先從故鄉的親族下手，在這個沒什麼制度的「帝國學院倫敦」補習班，學費可以殺價，當然也可以加價，找藉口收錢，更是仲介們人人手法不一。我能做的，只是提醒蘇丹和他的同學們，不管繳了什麼錢，都一定要索取收據，這才有依據來保障自己權益。

誘詐、拐騙新移民，通常都是自己人對自己人下手，這樣才方便順當。蘇丹的堂叔想多賺點錢，他的親族網絡和社會關係當然就是他的財源。例如來自德國的斯里蘭卡學生帕拉．迪瓦，他是泰米爾人，在斯里蘭卡是少數民族，因為主張泰米爾獨立的泰米爾猛虎組織與斯里蘭卡政府內戰，帕拉全家才到德國申請庇護定居。帕拉初抵英國時，英語不流利，有天經過家雜貨店，發現店主講泰米爾語，很高興地用母語交談，在店裡大採購，後來才發現，那家店賣給他的東西都賣貴了。因為店主知道帕拉英語不好，認為他是還不進入狀況的新移民，所以趁機多削點錢。

碰到太多這種例子，我對於臺灣社會學界流行的「國族認同」、

「想像的共同體」這些概念，都冷眼相對。終歸咎底，最會欺負自己人的還是自己人。有陣子，英國大學裡來自中國大陸的學生與臺灣學生在課堂上常衝突，為了爭辯臺灣人是不是中國人，或為了課堂上老師把臺灣當作中國的一部分，類似事件常聽聞。面對我認識的華人學生，我都懶得參與這類辯論，臺灣人不是中國人又如何？有在英臺商雇用想在英國多留兩年的臺灣學生，條件開得都比雇用白人還低，因為正是自己人，所以好欺負。有趣的是，這類的臺商遇到政治議題時，總特別熱心。邊欺負臺灣同鄉、邊高喊愛臺灣。

海外臺商熱心參與公共事務者，政治立場往往比臺灣本土主流黨派還激進，這種海外激進主義的現象，在美國的猶太人遊說團體，在英國的穆斯林社團，都可以發現。因為距離故土遙遠，他們較脫離政治現實，所以主張容易激進化，但思鄉的心情下他們是真心素樸地愛原鄉故土。有家臺商旅行社，位於倫敦，老闆是相當早期的留學生，後來定居英國數十載，他曾任僑務委員，在網路上發表意見，一定稱中國「支那」，不改詞色。但隨著中國大陸來英的學生人數增多，原來專做臺人

生意的他，也開始做起大陸人的生意了，甚至雇用起大陸人。我很好奇，這個老闆敢不敢當著他的員工或顧客，稱呼他們支那人。

臺灣人也好，中國人也罷，對英國社會來說，刻板印象就是廉價勞動力。臺灣社會如何看待生活在臺灣的六十萬外籍勞工以及十六萬的外籍配偶，英國社會就是這樣看待留英、嫁英、居英的臺灣之子、臺灣女兒。

我曾受理一件個案，臺灣同鄉瑷琪在英國鄉間的B&B（提供床與早餐的小旅館）工作，此鄉間旅館房間數不多，但人手少，還要供早餐，瑷琪覺得她早也忙、晚也忙，已經夠勤奮了，還被嫌手腳慢，老闆還常常拿另一位波蘭員工來跟她比較。瑷琪想換工作，另找老闆，但被告知不行。原來瑷琪是透過臺灣的留學代辦來英，代辦當初宣傳這是一個上課加實習的「國際旅館經營與管理」留學課程，頭三個月上課，接下來九個月安排到旅館業實習，整個課程結束後，有張結業證書，可以拿回臺灣證明出過洋、見識過國際旅館業了。瑷琪說，除了兩萬元臺幣的留學代辦費，她還透過留學代辦交了四〇〇〇鎊的學費，以及安排實

習機構的行政費五〇〇鎊，代辦並提及，實習有薪水可領，到時候不但可以把學費賺回來，還多了項在國外工作過的資歷。璦琪認為，就算實習薪水少，四〇〇〇鎊就可出國留學其實頗划算。誰知道，一到英國就發現有點奇怪，所謂的課程，沒什麼選擇，老師授課水準參差不齊，她本就沒有期待這間學校是進入世界排名的紅磚古校，但臺灣的托福補習班都比這學校好，整體看起來也太爛了。然後重點是實習，原來期待實習地點是在星級的觀光旅館，穿著制服，真正見識國際觀光業，沒想到學生全被分發到鄉間的B&B，掃地、換被套、折床單還有準備早餐，領的是法定最低工資。這也叫「國際旅館經營與管理」？原來這是臺灣留學代辦業者結合英國人力仲介業的勾當，假留學之名，提供缺乏人工的英國鄉間廉價勞動力，難怪B&B的老闆把呼來喚去視為理所當然。

璦琪直接跟臺灣的代辦聯繫，要求換實習場所，代辦先是敷衍，後來說國際觀光飯店的實習名額有限，璦琪的成績不夠好，無法安排。璦琪堅持，代辦業者說如果不接受這安排，學校方面會通知英國移民局，取消她的學生簽證。璦琪嚇了一跳，後來想想說算了，實習她不想幹

了，就此打道回府，當作美夢一場空，總不能連著九個月，棉被摺完後拿著麵包呆坐在池塘邊餵天鵝。代辦竟然也不同意瓊琪提早回臺，瓊琪問我怎麼辦。我推論，那一定是瓊琪若不繼續工作，英國的仲介會少了抽佣的進帳，仲介會回頭找代辦算帳，而且當時正旅遊旺季，少了人手，旅館、仲介都會跳腳。我直接電話臺灣的代辦，跟對方說，如果他們真的要請學校方面通知移民局取消學生簽證，請便，移民局會理你才怪，關於英國移民法實務，你不可能比我懂。代辦急著辯解說，根據規定實習也是課程的一部分如何如何。這亂講一通、不懂裝懂的話實在不想聽，我乾脆直接恐嚇對方：「你們的行為已經實際涉及了工作仲介，依照英國法律，仲介公司在求職階段不能向求職者收取費用，你們收的那五〇〇鎊絕對有問題，而且牽涉那麼多位學生，還威脅學生不能換工作，我直接檢舉你們在英國合作的仲介公司涉嫌人口販運，看看是誰吃不了兜著走。」

其實瓊琪想走就走，根本不需要學校或留學代辦同意；她如果想在英國多待一陣子，學生簽證依然有效，想打工的話，一週最多可以工作

二十小時，就看找得到找不到喜歡的工作。反正她是自由身，這問題就這麼簡單。因為臺灣代辦可惡，所以璦琪花了冤枉錢，否則倫敦到處都是類似「帝國學院倫敦」的補習班，找間有開旅館經營課程的去註冊，一學期一百五十鎊到三百鎊，想打工，自己找，若不排斥摺床單，旅遊旺季時，到處都是缺工的B&B，哪裡需要花個四千五百鎊讓代辦賺？

正是英國社會缺廉價勞動力，而英國政府又不敢正大光明大幅度開放移民勞工，怕工會抗議、勞工反彈，所以英國政府容許大量的廉價補習班雨後春筍般地成立，並且允許在這些補習班註冊的年輕人兼職打工，年輕人到底有沒有在上課，沒人在意，重點是這些來自海外的勞動力，成為社會底層的勞動預備軍，讓產業界可以依照季節需求，彈性運用，不須長期雇用。

二〇〇七年秋季左右，我發現像「帝國學院倫敦」之類的補習班也開始有華人仲介進駐了。或許這不是壞事。想打工的華人年輕人，以後就循這管道來英國，一定便宜多了，不用一個人給人蛇二十萬人民幣。最重要的是，不用冒偷渡的風險、客死路途，安全多了。

17 簽證被拒

內政部

移民與國籍局

內政部編號：S870381

姓名：施威全

國籍：臺灣

拒絕理由函

親愛的施先生：

八月二十三日您申請在英國以學生身分居留。

承辦官員已代表大臣思考您的申請。

您從二〇〇〇年九月就開始博士論文的寫作，之後連續五次獲得展延居留以完成您的學位，但目前為止沒有足夠的進展可以預見完成的日期。在您的課程中您沒有展現足夠的證據呈現具體的進展，包括通過任何相關的考試，內政大臣對此並不滿意。

因此您並不符合移民法規第六十二條（並參考6HC395修正版的60（V）條）的規定，以學生身分在英國居留，因此您的申請被拒絕。

為了拒絕您的申請，底下的事實曾被充分考慮過：

- 一九九六年您以學生身分進入英國，參與一個課程。
- 一九九七年五月十三日您進一步獲得學生居留身分以參與《研究碩士／博士》課程，居留期限為一九九八年七月三十一日。
- 一九九八年七月二十七日您進一步獲得學生居留身分以參與《研究碩士／博士》課程，居留期限為一九九九年七月三十一日。
- 一九九九年九月十日您進一步獲得學生居留身分以參與《研究碩士／博士》課程，居留期限為二〇〇〇年十月三十一日。

（以下都是歷年申請簽證的紀錄，略）

如果您上訴，上訴期間您仍可居留在英國，如果您上訴失敗且沒有主動離開英國，您將被遣送臺灣。

誠摯地

克莉絲丁・裴立雅桑比（代表內政部大臣）

~*~

事不關己，旁觀者清；關己則亂，當局者迷。倫敦生活、兼差久了，儘管累積了不少訴訟、到法庭的經驗，但一旦自己成為事主，難免心驚。當我接到內政部拒絕再給我學生簽證的信時，不禁有點擔心。不過整個案子很單純，儘管我曾兼職研究助理或其他工作，我的主要身分就是學生，也持續地接受指導教授的指導。雖然指導教授經常不在學校，忙著接受歐盟或聯合國的委託案在非洲、中東以及中國大陸周遊，

但他確實也盡到了學生手冊所規定的應盡義務：每年至少與被指導的研究生見兩次面，並於每學年末提出進度報告。所以我到底是不是學生，指導教授是直接證人。

我就讀的學校，倫敦大學系統下的大學，教授的權威很受尊敬，凌駕於學校行政單位的規定。當初入學，我就是直接拿著申請書與推薦信去敲教授辦公室的門，他看了看我的資料，當下就說好，要我下學年開學時就正式入學。我問說，學校規定就讀法律系IELTS（英文能力測驗）要達到七・五分，這門檻很高，我還沒考。教授說，沒關係，你講的英文我聽得懂，不用考了，我會把你的申請書交給負責註冊的單位。

就這樣，我沒有循正式的程序寄送入學申請，也沒有考任何的語言考試，教授說了算，我就成為他的學生，這次我能不能繼續以學生身分留在英國，案子的關鍵也在於我的指導教授。我發電子郵件向他求救，請他出具信函，簽名證明我的身分，他說不必那麼麻煩，他寫封電子郵件，兩三行字就好，讓我列印給法官。

上訴庭開庭時，我穿得整整齊齊，依約十點出庭。進入法庭內，前面的幾個案子還在審，我在觀眾席坐下，眼前法官高高在上，他下方的四方桌上，法官助理、法庭書記和內政部代表分坐三面，上訴者或律師直接在觀眾席上起立答話。輪到我的案子時，法官看了我一眼，問我有何陳訴，我說如同我之前提交的書面陳訴，我仍持續在進行我的研究工作，指導教授的電子郵件可以佐證。

我很想向法官說，我也期望趕快完成論文好離開英國，連吃那麼多年的英國食物實在痛苦，可是我們法律學校上一個畢業的博士生，英國人，他論文就寫了八年，我能怎麼辦？為了學業，每週我都進城一次，搭地鐵到倫敦市中心，一趟出門走遍三間圖書館：我就讀的學院的圖書館、倫敦大學亞非學院的圖書館，以及倫敦大學總部圖書館，去還書也去找書、借書，偶爾一屁股就坐在亞非學院圖書館的地上，拿起館藏的金庸小說看到打烊。我總是背包裡塞著十幾本書，偶爾繞到中國城的中國商店買些英國超市買不到的佐料、食料，這樣的生活，難道不算是學生？

眼望法官桌上卷宗厚厚一疊，看得出他想趕快把案子清完，我知道我話愈少愈好。然後法官邊翻著資料邊講話了：「內政部拒絕了上訴人的申請，但這裡有麥考斯蘭教授的電子郵件，他說明了上訴人是學生的事實。內政部有無補充意見？」底下的內政部代表坐著回答：「內政部同意。」同時轉頭對我笑了笑。法官接著說：「上訴成立。」就這樣，沒有人質疑我列印的電子郵件是否偽造，也沒要求我提供形式上正式點的證據，沒有敲槌，就定案了。我離開座位走出法庭，出門口前想禮貌性地對庭上鞠個躬，看法官已埋首在下個案子，鞠躬就省了。

此案的法庭位於西倫敦郊區，距離希斯羅國際機場不到兩公里，相較於位於東倫敦諸城鎮的移民法庭，我從沒到過一個法庭讓人感覺如此偏僻，距離最近的地鐵站走路要二十五分鐘，周遭盡是農田與工廠，公路上喧囂而過的多是大卡車，有些路段沒有人行道，我一步步踩在層層堆積、厚厚的落葉上，看著路旁已光禿的樹枝，那時已近耶誕節，但整個地區卻讓人覺得悽惻。這法庭就設在機場荒涼的外圍，是不是為了方便遣返非法居留者？多少人的一生命運就在這裡定讞？這地方，最好以

後不要再見。

只要牽涉到我自己的案子，內心總是覺得比較淒涼，少了代別人出庭時的趾高氣昂。有次，為了兩千鎊，我把一位朋友薩巴斯基告上了民事，兩人在法庭上見。

薩巴斯基開了家網路公司叫網博，委託我向臺灣採購，應付貨款兩千鎊，但是錢還沒付，他公司就宣告破產，我拿到錢的機會渺茫。我花了點心思追查，發現他在委託我之前就有申請破產的打算，有幾筆貨款與員工的薪資早就停止支付。這就有點惡劣了，你明知你付不出錢了，還拜託我幫你進貨交易，擺明坑人後要一走了之。對付沒誠信的人，那我的手段也不會客氣。在薩巴斯基很歉意地跟我說公司破產之後，有天我到他辦公室聊，安慰他。我說既然他已註冊了新公司網星，可以重新再起，而且只要花個一千鎊，新公司網星可以購買舊公司網博的名稱、商標使用權與設備等，還是可以延續舊公司的網站業務，至於網博的債務，他就一腳踢，交由清算人處理了。薩巴斯基道歉說，網博欠我的錢他愛莫能助，我說我知道，欠錢的是公司不是個人，有限公司破產後一

切依法行事，也只能這樣。

不過我有我的打算。我語氣溫和勉勵他：「薩巴斯基，我知道你也不想欠我錢，也看得出來你新的工作計畫很有潛力，有快就會成功。我現在也不怪你，不過既然你一直都很有誠意，希望有一天能彌補我的損失，這樣好了，你就用新公司名義開張兩千元的支票給我，作為你欠我錢的憑證。等到你新公司賺大錢了，我們再一起慶祝你的成功。」我嘮嘮叨叨，半哄半施壓，他用新公司負責人的名義開了支票。拿到支票，我馬上存入戶頭，很快地銀行通知跳票，我立即提出民事告訴要求網星給付兩千鎊。法院要求被告、原告雙方補充書面答辯後，約定了開庭的日子，大家庭上見。

法庭其實就只是法官的辦公室，法官坐在一張大書桌後，桌上與身後的書架上堆滿了書和資料，書桌前的兩張椅子也是成堆的卷宗。這法庭看起來還算比較正式，英國的民事法庭，有的像是臺灣的調解委員會，就一張大桌子，法官坐主位，兩造分坐兩旁，氣氛像是協調，不像是開庭。

開庭了，法官助理請我們進去，我和薩巴斯基分別坐在左右兩邊的觀眾席，有椅背的長條凳上，等著法官開口說話。法官先簡述了案情，問薩巴斯基有無補充，薩巴斯基照著稿子念，強調施威全從來沒有提供網星公司任何服務，施威全提供的服務對象是網博，網星只是購買了網博的商標使用權，網博的債務與網星無關。既然施威全從來沒有與網星有業務往來，網星負責人開給施威全的支票是個錯誤，不應該存在，所以沒有給付的理由。法官轉頭問我有何陳述，我只簡單說了一句：「網星的負責人既然開給了我支票，那就得給付。」

法官開始陳述他的看法，他說他查遍了各種可資參考的規定、判決，沒有發現過開出支票後可以不給付的例子，在沒有信用卡的時代，支票就等同於現金。他簡單描述了整個案子：「提出求償的施威全，因為薩巴斯基的關係，為網博提供了服務，網博欠施威全兩千鎊，網博因為破產，已受到破產法的保護；同時網星與網博的確是不一樣的公司，雖然負責人都是薩巴斯基。無論如何，施威全不知用什麼方法讓薩巴斯基以網星負責人的身分開立了支票，基於支票等同現金，薩巴斯基應該

給付二〇〇〇鎊給施威全。本案訴訟費用由施威全出。在本案判決後，若有給付困難，薩巴斯基可以提出申請，要求本法庭裁定分期給付。」

當法官提到我「不知用何方法」時，看了我一眼。言下之意，在一家公司宣告破產之後還有辦法要負責人另外開出支票，不知我是用騙的還是要脅的，算有兩把刷子。我贏了判決，但法官明顯偏向薩巴斯基，所以裁判要我出訴訟費用，這是他身為法官擁有的特權，用來表達他對我的不滿，這點我也只能放心裡面不爽。

之後薩巴斯基提出申請分六期給付，法庭也同意了，但薩巴斯基錢還是沒還。我乾脆把債權轉賣給討債公司，二〇〇〇鎊的債務，討債公司只願意出一五〇鎊，但我知道討債公司此後會三不五時，用電話、傳真、信件，甚至派人登門造訪跟薩巴斯基要錢；如果這家討債公司還是一直要不到錢，會把債權賣給另一家討債公司，換另一家討債公司用電話、傳真、信件，甚至派人登門來追討。此後幾年只要討債公司心血來潮想到這筆債，薩巴斯基就得面對他們的騷擾。薩巴斯基終究還了錢與否？我不知道。

不還錢的人就是不會還錢，早就多少預期會有這樣的結果，打了官司，只是讓我多花了六〇鎊的訴訟裁判費，薩巴斯基為了申請分期支付，也向法庭繳了六〇鎊的行政費。雙方花了錢，事情繞了一圈，還是回到原點。

英國司法實務，呈現和臺灣很不一樣的風貌，這是幾次實務經驗累積下來我的感覺。英國法庭較貼近人民，臺灣法庭像是法律人的法庭，而不是人民法庭。在臺北地院簡易庭旁聽，我聽過法官怒聲問原告：「你提出這個賠償要求，到底根據什麼？」、「你要跟我講你是根據民法第幾條，所以你提出這個主張啊。」當然不是每個法官都脾氣暴躁，但類似的責問我聽過好幾次，這些法官應該查一下臺灣司法院的「民事訴訟書狀規則」與「司法狀紙要點」，並沒有任何規定要求訴訟人須引經據典說明法律依據。在英國，皇家法庭網路服務系統在控方提出訴訟時，特別標注：「請勿提出法律主張。」意思是要當事人提出事實與要求即可，不須引經據典談法條，你只要覺得自己在道理站得住腳，就可以提訟，這是權利，你不須懂法律。

在臺灣，法律語言讓人生畏。即使是最簡單的案情，也常見法律人藉助法律語言，把狀子包裝成既不像文言文、又不像白話文，看似道行高深，實則語句不通、虛字一堆的法律文書。在英國，控方、辨方文書力求白話，警察記筆錄甚至沒有制式表格，在空白的筆記本上寫下訊問，語言力求平白簡單，我手寫我口即可。

在英國法庭，法官未必穿法袍、座位未必高高在上，律師也未必皆須穿袍戴假髮，但是若見到拖著公事箱、年輕貌美、穿著黑套裝的印巴裔女性，則十之八九是律師無疑，這些來自少數民族的女性是英國司法系統的基層主幹，穿梭各法庭，到處可見。從一九九七年開始，英格蘭每年的新任律師，一半以上是女性，在蘇格蘭，從二〇一五開始，女性律師總數已超越男性律師。但司法界裡階層最高的御用大律師中，非白人只佔白人的七％，女性只佔男性的十五％到十％，英國司法還是白人男性宰制。

18

女王陛下的囚犯XA8886

麥可加瑞律師事務所

工作記錄

本記錄由安德蘭・桑德胡製作

客戶：王　案件編號：K/26/L710.2

事件：二〇〇七年七月十八日與客戶在女王陛下王茲爾斯監獄會面，由華語普通話翻譯孔葵・哈巴德陪同

我自我介紹，說明我擔任律師已經十年，在本律師事務所工作四年，我將是本案的負責律師。客戶確認他從沒待過監獄，他懂一點點英

文但他的主要語言是普通話，他不懂也不會說廣東話，目前在獄中並沒遇見任何會說普通話的人。他在獄中無法與人溝通，大部分時間都待在他的囚室中。他有胃痛的疾病，這是在被捕前就有的，獄中醫師有開藥給他。

我向客戶解釋在英國有兩種刑事法庭，所有的刑事犯罪初次出庭都是在治安法庭。一般而言，比較嚴重的罪刑最後會在皇家刑事法庭審判。他被控告的罪屬於非告訴乃論的罪刑，所以只能在皇家刑事法庭審判。就此而論，倫敦治安法庭針對他的案子，可以退回或移轉到皇家刑事法庭，然後決定是否保釋。本案中客戶未提出任何的保釋申請。

我向客戶解釋，本案的其他被告都已被提告，但都已獲得警方給予保釋，他們將於七月二十五日週三出席於哈佛林治安法庭。他們的犯行也是非告訴乃論的罪刑，所以案子可能會移轉到史耐而布魯克皇家刑事法院。關於未來的皇家刑事法庭程序，客戶目前處在一個微妙的處境，治安法庭已經把案子轉到南沃克刑事法庭，但客戶並沒有收到任何他將

於何時到南沃克出庭的通知。我向客戶解釋，依過去的經驗，他的案子可能會被移轉到克羅依登皇家刑事法庭。我們將會努力試著讓皇家檢察系統知道我們的客戶目前身在何處，並且盡快把我們客戶的案子從南沃克或克羅依登移轉到史耐而布魯克，希望這過程不要耗掉太多時間。我們的客戶對目前處境覺得焦慮，希望他的案子愈快轉到史耐而布魯克愈好，以便和其他的被告一起接受審判。

客戶數次提到，他將不會對任何罪名認罪，他所做的只是想合法取得國民保險號碼。我向客戶解釋，在目前這階段我還不接受他認罪與否的指示。他在刑事法庭的首次出庭可能只是《審前聽證》或是《案件安排聽證》而已。如果他的案子送到克羅依登，按照慣例克羅依登法庭會先安排《審前聽證》，在聽證時法庭所做的只是設定個日子，希望皇家檢察官應該何時提送案件書面資料，並設定《案件安排聽證》的日期。雖然依照規定，皇家檢察系統應該在案件移出治安法庭的五十天內就呈送案件書面資料，但實際上皇家法庭的要求，只要在《案件安排聽證》

的前兩個禮拜收到案件書面資料就可以了。

我目前不會與客戶討論是否應該認罪或不認罪，我會等收到檢方資料後才會與客戶就那些不利於他的證據進行討論。

我們接著討論保釋的問題。我向客戶解釋，對他最不利的地方在於他目前的移民身分。客戶對此覺得疑惑。我解釋說根據內政部的資料他的庇護申請已被拒絕，目前無權在英國居留，他應被遣返或驅逐出境。我問他在英國是否有家人，他會需要至少一萬鎊的擔保金去說服庭上他有足夠的理由保證不會潛逃，一定會出席審判。客戶說他在英國沒有親人可以提供如此的擔保，他抱怨英國官方是用大巨槌敲小核桃。

我向客戶解釋申請保釋的程序，我強調先得提出書面資料給檢方與法庭，然後再正式提出保釋申請，很遺憾在此階段他獲得保釋的機會微乎其微。

客戶表示因為他不懂英文，所以不希望我寫任何信給他，但我擔心，不知目前為止的說明，他到底懂了多少，所以我將會寫信給他。我

和哈巴德太太討論，在我休假回來之後將會再與她約個時間和客戶碰面，在我不在的這兩個禮拜，哈巴德太太也沒有空。

~*~

二〇〇七年七月十日王立被逮捕，一直到七月十八日，他才和律師初次會面，被告知他的處境。如同律師的工作記錄所顯示的，檢方其實不清楚王立人在何方，被關在哪個監獄。王立的案子正在幾個刑事法庭公文旅行中。而王立的律師認為他獲得保釋的機會太小，王立得繼續待在牢中，等到律師休假回來再說。

律師心裡有準備，王立的案子會拖很久，坐牢的人他看多了，就慢慢挨吧；但王立的親人、朋友卻很急，多在牢裡一天，就多受一天的苦。為什麼這個案子的被告們在警察訊問後都回家了，而王立是案子裡最微不足道的角色，唯獨他還在牢裡？

王立和臺灣同鄉明宜大哥是在同一天被捕的。這個案子，雖然牽涉

到不實申請「國家保險號碼」的有二十六人，但明宜、他的太太和其他涉及冒領社會福利津貼，以及協助製作不實證件的嫌犯，才是勞動與年金部的調查官從一開始就跟蹤、緊盯的對象，也是警方逮捕的目標。王立等二十六位非法居留者，對警方而言其實無關緊要，他們分散於大倫敦各角落，行蹤不明，勞動與年金部並沒有規劃要在茫茫人海中作如此大規模的搜尋與逮捕。王立連帶被抓，實在是時機湊巧，警察從明宜的皮夾裡找出一張字條，上面有王立的名字與一個地址，循著字條上的地址，在一位印度老太太家抓到了王立。那時王立正在為印度老太太建造一間廁所，老太太是明宜教會裡的執事，透過明宜麻煩王立幫她這個忙。王立一向對明宜很感激，就把幫助老太太當作是對教會的奉獻，他只要老太太出材料錢，其他算是當義工免費不要錢。王立被抓時，掙扎著想把他的工具箱也一起拿走，警察不准。那是他到英國後添購的專業工具箱，哪裡需要水電、木工，他工具箱拎著就往哪裡走，這次，王立就眼看著工具箱留在老太太家裡，帶不走了。

當其他的被告在訊問後，被警察依法保釋時，王立被送到了女王陛

下王茲爾斯監獄（HM Prison Wandsworth），因為警察不知該拿他怎麼辦。明宜等人得以保釋，是因為他們有確切的居所、有確實的工作處所，甚至有房產，警方相信他們的承諾，會依規定出庭、接受審判。王立不只無法提供住所證明，而且他是隨時可以消匿在人海中的非法移民，既然牽涉到刑事犯罪，警察不便將他交給移民局拘留，監獄就成為王立唯一可去的處所。

我不認識王立，是他被捕的兩個禮拜後，明宜叫王立的妹夫陳偉來找我。明宜對於整個案情始末語焉不詳，這可以明白，他愛面子，有些事情不想讓我知道，陳偉更是什麼狀況都不知道，只是很著急。王立到底狀況如何，明宜既然涉案，當然無法處理，他的律師也建議他不要跟任何與案情有關的人聯絡，但是作為華人圈裡大家都敬重的大哥，眼看王立處境不明，一直都沒有確切訊息，他還是聯絡了陳偉，要他來找我。

王立會不會已被遣送回中國？如果是，應該早就電話聯絡報平安了。陳偉唯一的線索是王立曾用公用電話打給陳偉，說他在監獄裡。這

就好辦了，陳偉手機上有來電顯示，我查到了這公用電話就在王茲爾斯監獄，那是全英格蘭最大的監獄，戒備森嚴，關不少重刑犯。王立真的在王茲爾斯？我有點懷疑。我叫陳偉下次接到王立電話時，問王立他在監獄的編號，有了編號，以後要與王立通訊才能確實聯絡到，而且編號會跟著人走，不管換到哪間監獄都不會變。我當然也可以請律師朋友查一下監獄系統裡的名單，但是王立在監獄裡到底叫王立，還是立王？還是如同陳偉說的，王立有的證件上名字是王文立，那他在監獄電腦系統上也可能是文立、立文或是王立文，反正英國官方系統碰到華人姓名，沒有個準則，不好查。過幾天，陳偉給我王立的囚犯編號：XA8886。陳偉說王立不敢太常打電話給他，怕拖累了同是非法居留的陳偉。有了編號就好辦，七月二十七日我寫了第一封信給王立，問他到底怎麼一回事，應該有律師被指派為他辯護，律師是誰？被起訴的確實罪名為何？是否出過庭了？

雖然魚雁往返耗時，特別是信件都會經過監獄郵務室的檢查，我懷疑郵務室根本有沒有懂中文的人在看信，但檢查的確更加拖延了信件。

無論如何，此後事情就好辦些了。我也和陳偉一起聯絡了他的律師安德蘭，我和律師通了幾次電話，陳偉甚至跑到律師事務所直接要求見律師，我們掌握了王立案的進度。

原來七月二十五日時，這個案子的被告們都已經出席了在哈佛林治安法庭的「審前聽證」，唯獨王立沒有被要求出席，皇家控方真的把王立漏掉了。而王立的律師也不盡責，他事先知道會有這場聽證，並在首次探監王立時告知了他，但律師並沒有積極爭取讓王立也出席。在這次聽證中，治安法庭決定把整個案子移交給史耐而布魯克皇家刑事法院，並通知被告們十一月一日出席史耐而布魯克的「案件安排聽證」。王立的律師安德蘭當時在休假，幸好在場的其他辯護律師夠機靈，藉此機會提醒控方王立的存在，控方承諾會讓王立也一併出席十一月一日的聽證，整個案子一起處理。

雖然控方這樣說，但是王立的的部分還是莫名其妙地被皇家刑事法庭系統分開處理，九月四日律師安德蘭再度探監王立，通知他的「案件安排聽證」將在十月四日於克羅依登刑事法庭舉行。律師對王立說，克

羅依登刑事法庭目前並沒有負責此案的檢察官的名字與地址，僅提供了一支電話號碼，律師安德蘭打了這號碼兩次而且留了話，但是沒有人回電給他。律師說，他推測，王立的案子可能不是由皇家檢察系統負責起訴，而是由勞動與年金部的起訴官來負責，他會想辦法查到起訴官的名字與聯絡方式。王立很倒楣，他已經在監牢裡快兩個月了，他的律師和法庭都還搞不清狀況，他蹲苦窯的同時，他的同案正呼吸自由的空氣，在各自的律師陪伴下，一步步地走著司法程序。

十一月一日王立同案的被告們出席了在史耐而布魯克的「案件安排聽證」，王立並沒有被通知一起出席，負責起訴他的勞動與年金部向法庭在十月底申請把王立的聽證延到十一月二十七，法庭同意了。十月三十日我問律師安德蘭進度如何，他說他還沒收到控方的資料，一直到十一月六日王立的律師才收到勞動與年金部的起訴書面資料，這時候王立已經被關了四個月了。後來勞動與年金部又要求將聽證延到一月十八日，並申請將羈押王立的時間延到明年的六月七日。十二月十七日，耶誕節前一週，王立收到持續羈押的通知，並被告知審判日期將安排在明

年的六月二日，預期會持續四周，他不只要在監獄裡過新年，而且明年整個上半年都很可能還會待在監獄裡。

王立這個案子的七個被告總共犯了三十三項罪刑，而王立犯了其中兩項，集團詐欺與違反身分證件法。王立一聽到集團詐欺就跳腳，因為這罪名聽起來很恐怖，而他覺得他並沒有與誰同夥共謀詐欺，但在控方立場，明宜在王立申請「國家保險號碼」時給與了不法協助，就構成集團詐欺。無論如何王立是所有被告中犯行最輕的，犯行項目最少的。在聽證時，他的律師力爭王立應該交保。法官回應說：「的確，當本案中其他罪刑較重的被告都早已交保時，輕罪的王立仍在監獄並不公平，但王立無法提出交保後絕對不會失蹤、藏匿的保證，本庭無法同意他的交保。」

律師也在聽證時反對控方一再延長羈押期限，律師說，人在七月十一日被告，九月二十六日控方才提供案情摘要，十一月六日起訴文件才送達給辯護人，但給的資料並不完全，一直到十二月底，辯方律師還陸陸續續收到控方提供的證據，顯然控方並沒有盡可能地迅速準備起訴的

工作，導致不必要的羈押。但是法官裁定說，本案涉及三十三項罪刑，牽涉七位被告，證據資料超過六千頁，可見案情的廣大與複雜，如果指責控方一直拖到九月二十六日才行動，這是不公平的。控方對於自己部門的拖拖拉拉倒是頗坦誠，十二月十三日律師寫信給王立，告訴王立說，控方表示還有一〇〇〇多頁證據仍在準備中。那時王立已經被關了五個月了。

涉嫌的罪刑不重，還未被定罪，看起來王立就注定得在牢裡待將近一年。我問他的律師，如果審判有罪，判刑下來他只需要服刑三個月或得以緩刑呢？這些牢不就白坐了？他的律師也覺得整個案子很荒謬，但是愛莫能助。律師安德蘭的行事很仔細，每次我與他的短短通話，他都會寫成好幾頁的案情紀錄，以便多登錄幾小時的工作時數，申請法律扶助時，比較方便；但我感受不到他有積極為王立籌辦保釋。

案情進展緩慢，王立心情的徬徨表現在他對律師的不信任。從律師寫的歷次會面記錄和律師與王立的書信往來可以看出來，王立講話反反覆覆。例如，關於陳偉的太太、他自己的妹妹叫什麼名字，一開始王立

說她叫琳琳，後來又說她改過名字，所以也記不得新的名字為何。提到我的部分，王立一開始表示不知道是否該信任我，他無法決定是否應該讓律師安德蘭與我接觸，但是後來又說，如果我能幫他作保，就請律師找我協助。在獄中的王立，沒有人可以與他討論他的處境，整天胡思亂想，偶爾有獄友給他建議，是好是壞，也無從判斷。王立後來寫給律師的信提到他似乎有些失憶，我猜王立可能是想否認他對律師曾講過的某些話，或者他真的有點錯亂了。律師回信說，請他找獄中的醫師。

整個事情的關鍵還在於趕快讓王立能保釋出獄，這也是王立一直質疑律師的事，陳偉對這事特別積極，明宜也私下在找看有誰能具保。王立的律師對此從一開始就認為機會渺茫，不太積極，他提過需準備一萬鎊作為擔保，但我存疑，對皇家刑事系統而言，王立身價不可能如此昂貴。後來律師改口說按照過去的經驗可能是一千鎊吧，陳偉雀躍，直接的反應是他可以出，然後透過明宜私下的協助，說不定可以拜託教會的牧師，博帝老先生，當保人。其實保人的條件很簡單：一，有固定居所，且有一定的資產；二，可以提供王立居所；三，提供擔保金。博帝

答應了，他的牧師身分更是個可以取信法官的優勢。

陳偉把博帝的聯絡方式給了律師，律師和博帝通了幾次電話，聯絡的結果每況愈下。博帝本來答應了，後來在與律師討論該準備哪些資料時開始遲疑，有時覺得沒問題，有時又有疑惑，而他覺得律師無法完全解答他的疑惑。兩人一往一來，拖了有四個月，後來博帝說家人強烈反對，畢竟他與王立不太熟，他家人很怕到時候王立跑掉了，財產被查封，怎麼辦？

陳偉與明宜轉向我求救，我知道作保其實不是什麼大不了的事，了不起擔保金被沒收，保人的資產很少會被牽連。作保在英國司法實務上本質就是一種講究榮譽的任務，保人冒的風險，除了保金就是身分與名譽。但我與王立素昧平生，好歹得碰碰面。

因為不是王立的律師，我探監得依規定的時段先跟獄方預約。建造於十九世紀的王茲爾斯監獄，就是暴力美學電影《發條橘子》的場景所在，電影中出現過整座監獄的立面，灰暗沉悶，正是這歷史建築給人的感覺。我和其他的訪客從閘門穿過了外牆，兩樓高的大門南側有訪客中

心，我們從訪客中心進入了建築主體，很快地有人趕羊似地把我們趕入門邊的等待室，時間一到，我們穿過中庭，到了會客室所在的某棟樓，穿越甬道，拐幾個彎，搞到東西南北分不清了，然後經過金屬探測器，被搜身，接下來被要求身上所有的紙鈔都要換成硬幣。會面的地方有個小小的販賣部，可以購物，但錢不能給囚犯，要換成硬幣就是怕紙鈔容易偷渡。會客室有十二張六人座的桌子，椅子和桌子都釘牢在地上，訪客被要求統一坐在東側，囚犯穿著便衣一一出現，被搜身的同時也被要求穿上亮黃色的背心，像修馬路的工人一樣，以供辨識，他們統一坐在西側。很快地王立就認出我，他臉長得方正，膚色白淨、身體壯，我說要不要一起先到販賣部買個零嘴飲料，他說不要，吃不下，監獄裡有吃的用的，如果真有需要他也有錢可以買，前幾天他才買了條內褲。

初次碰面，有不少問題要與他核對，搞清楚到底怎麼回事。最重要的還是傳達陳偉的口信，跟他強調在福建的家人都為他很捨不得，千萬在獄中自己要多保重。王立說之前囚禁在一起的室友是個瘋子，有一天突然掐住他的脖子，差點被勒死，後來趕快報告獄方，換了室友。問他

有沒有被欺負，他說還好，最關心的還是保釋問題。我說這我與陳偉會討論，到時候你的律師會通知你。時間到了，他得回囚室，臨走前我塞給他陳偉寫的短短的一頁信，他拿給獄警看，獄警點了點頭，王立就拿著信走出會客室，回到牢籠。當天我就聯絡陳偉，叫他跟律師安德蘭講我願意當保人。

等到安德蘭準備好書面資料要向控方以及法官提議保釋時，王立的案子也快開庭審判了，安德蘭說他應該專心準備審判的資料，先暫緩申請保釋。我無從置喙，畢竟我不是當事人，陳偉更不知如何逼迫他，只能自我安慰說已經被關那麼久了，不差那麼一個月。後來審判提前到二〇〇八年五月下旬，倒是進行很快，沒有預期中要拖到一個月，刑期宣判，被判九個月，算起來共二百七十六天，但王立從二〇〇七年七月十一日被捕時到二〇〇八年五月底已經被關了三百二十四天，王立卻還是不能出獄。

荒謬的是，五月三十日獄方給了王立一張刑期計算表，上面寫著：

刑期宣判日：五月二十九日，判刑〇年九個月。
刑期日數：二七六
刑期到期日：二〇〇八年八月五日
無條件釋放日：二〇〇八年五月二十九日
以上刑期於二〇〇八年五月三十日計算

這張表怎麼看怎麼不對。依照一九六七年英國刑法第六十七款，王立從二〇〇七年七月十一日就被拘禁，他實際服刑的日子就應該從那天算起，算起來已被關了三百二十四天；他被判刑二百七十六天，那刑期到期日應該是二〇〇八年四月十二日，無條件釋放日應該是二〇〇八年的一月底，這些數字和監獄給的刑期計算表完全兜不起來。安德蘭律師在刑期計算表上寫著「尚有其他起訴？移民拘禁？」他也完全搞不清狀況。英國監獄行政如此混亂，法庭常搞不清犯人到底被關在何方，犯人就從官方的資料中消逝的事情，偶有耳聞。王立服刑的日期到底為何，一團混亂，英國牢中這司空見慣。

到底王立的獲釋日期該是五月底還是一月底，都不重要了，到了六月，王立還是不能從監牢裡走出來，他現在不是刑事犯人，變成了內政部移民局的問題了，一動不如一靜，移民局還是讓他繼續留在牢裡。

王立確實倒楣。二〇一七年東倫敦一個金融詐騙集團被逮，他們共從銀行帳戶中騙取了六十一萬英鎊，五名犯徒中，偽冒他人身分的Melinda MENSAH-OKE被判十四個月緩刑，Arinola KUYE被判社區服務，Desmond ABIFADE則被判兩年緩刑；而王立沒有任何非法獲利，一毛錢都沒，已經在監獄三百二十四天了。

王立刑期已滿，但還是得靠我出面擔保，才能自由。只是從向刑事庭提出申請，換成了向移民法庭上訴。無論如何，在英國皇家司法系統裡，刑事囚犯XA8886已經不存在了。

19 消失在人海中

審判王立的移民法庭在羅斯貝雷大道八十八號，隔壁就是倫敦政經學院的羅斯貝雷宿舍。倫敦地鐵圖把整個大倫敦分成環狀的一區到六區，一區是市中心，六區就很郊外了，羅斯貝雷移民法庭剛好在一區的東北邊緣，距離「舊街」地鐵站近，是很熱鬧的商業區。這法庭面臨的兩條道路呈六〇度角的交叉，也就是臺灣俗稱的三角窗，所以整個建築物是很奇怪的三角形，連帶裡面不少辦公室、法庭，也是窄窄的三角形。整棟建築裡人聲雜沸很擁擠，顯然無法負荷每天湧入的那麼多案件與人潮。王立的移民庭開在二〇〇八年的七月三日，小小的法庭有兩個緊鄰的門，一個門打開，直接面對排成ㄇ字型的桌子，另一個門通向講

檯，以便讓法官能有個儀式性的進場。法官進來，大家起立坐下，我坐在內政部代表的對面，我們兩人之間是法庭書記以及通譯，王立則是透過視訊連線參與開庭，臉出現在一個電視大螢幕，正對著法官。至於他的律師安德蘭，沒看到人，說實在我也搞不清楚在這階段是否還有他的角色。

還沒正式開庭，氣氛就不太對，書記在催問案情的書面文件，內政部代表說就是找不到王立的移民紀錄等資料，到底怎麼一回事，內政部代表推說他也不知道。法官不想繼續耗，既然開庭了，程序得往下走。法官顯然一下子就進入狀況，邊看著卷宗，他邊喃喃自語：「看起來內政部移民局並不想與此案有任何牽扯，只是控方一開始就拿王立的非法移民身分作為羈押他的籌碼，才把內政部拖進來。」嗯，法官英明。這就是為何王立被關那麼久的原因。

透過翻譯法官先問了王立的基本資料，然後轉向我，邊看看我事先提供的書面資料，邊喃喃自語，偶爾問問我：

「你是住在二十五號賽爾伯路，郵遞區號IG1 3AH？這裡寫著你房子

有一個客廳和一個房間，你願意讓上訴人先住在你的客廳一段時間？」

我說：「我客廳的沙發是沙發床，拉開來就是一張床，本來就可以睡。」

法官：「你提供了三個月的銀行帳單，顯示你有現金三〇〇〇多鎊，也看得出你有經常性的收入……嗯，你有卡債，不過現在有信用卡債務是很正常的事情。你有幾張信用卡？」

我老實回答了。

法官又問：「你有多少債務？」

我回答：「大約兩千鎊。」

法官不知道的是，我會有卡債，是因為我利用信用卡預借了現金。我在英國的信貸紀錄還不錯，每次申請信用卡都會過，因此申請了八張信用卡，這些信用卡發卡銀行競爭激烈，三不五時都會提出卡債重整優惠，只要你把卡債轉移到提供優惠的銀行，在一定額度內，有時是前六個月免利息，有的是前一年給你極低的利息，如果你的額度用不完，還可以預借現金，利息同樣優惠。我就是利用這種優惠，預支現金，也同

時把卡債在八家銀行間轉來轉去，優惠快到期了，就看看接下來哪家銀行提供了免息或低息優惠，把債務轉到那家去，這是我在英國雖然收入低，但還活下來的原因。

法官然後問了內政部代表有什麼意見，內政部代表強調王立的申請庇護失敗，目前是非法居留，法官馬上打斷：「今天的重點不在於庇護的申請，在於保釋。」內政部代表繼續提到了王立的偽造文書、申請「國家保險號碼」的犯行，法官說，這不是今天的重點。法官：「既然內政部把相關資料搞砸了，我還是問問保人……」他轉頭問我和王立的淵源，確認我願意為他擔保。

「王立是一間教會的信徒，教會裡有我和他共同的朋友……」

我話講到一半，內政部的代表插話：「你說他是一個上教堂的人，同時又是詐欺犯？」

我回嘴說：「他想要的就是一個『國家保險號碼』，以後合法工作，受到最低薪資的保障，可以正常納稅。」

我是來擔保的，怎麼變成了我在擔任辯方律師？你這個內政部的代

表憑什麼在這場合盤問我？

法官沒讓我們繼續講話，他再問了一次內政部代表，確認內政部方面沒有王立的移民紀錄資料，然後宣判：「上訴成立，上訴人將住宿於二十五號賽爾伯路，每週一辦公時間，早上十點到下午四點之間，必須到位於舊街二一〇號，倫敦郵遞區號 EC1V 9BR 的邊界與移民局報到，從二〇〇八年七月七日禮拜一開始報到。」法官敲槌定案，王立得以自由了。

在場的人心裡都很清楚，王立未必真會住在我的客廳，甚至他未必會每週都乖乖報到，法官放他走不是因為我的擔保，而是讓這麼一個非法居留的人持續住在關刑事犯的監獄裡，沒有道理。何況，關要關多久？移民局並沒提出申請要繼續關他，更沒有打算將王立送到移民拘留中心，因為像這樣的非法居留移民太多了，不值得費心，而且王立的資料都遺失了，真要拘留他，也不知從何著手。從法官的立場王立早應該就是自由人了，我的擔保其實只是剛好讓法官和移民局有個臺階下，讓他們形式上把程序走完。要不要擔保金，法官根本提都沒提。

二〇〇八年七月三日下午王立終於離開了監獄，距離他被捕的那天，差一個禮拜就滿一年。

得到自由的他由陳偉陪著直接到了他們教會的聚會所，博帝老先生和幾位教友也在，一起歡迎他。王立跪在聖壇前，看著耶穌，然後低首一直哭、一直哭，沒有乾嚎但一直啜泣。明宜後來告訴我，王立哭了兩個小時。是悔過？難過？冤屈？反正他把過去一年的遭遇都哭了出來。

隔天王立找到了我住的地方，神情平靜，只有偶爾幾聲嘆氣。他拿著他案情的所有資料，一大疊厚厚的有兩吋，看起來有上千頁。我稍微翻一下，有檢方的案情摘要、筆錄影本、證據影本、法庭通知、律師的工作紀錄、探監紀錄、律師寫給他的信，還有我寫給他的每封信，算一算我共寫了十五封，都放在信封裡。最特別的是七張獎狀與證書，都是坐監期間獲頒的，護貝地漂漂亮亮。有算數第一級及格證書、二〇〇八年「閱讀六本書挑戰成功」證書、閱讀技能及格證書、算數第二級及格證書、兩張空中大學體系頒發的十學分英語學習證書，一張是寫作、一張是閱讀，然後是「自願接受毒品檢測結果」證書。看著這些證書，王

立笑了笑，一張張拿給我看。我問：「這幾張你就留著吧，總是個紀錄，說不定以後用的到。」他搖搖頭，不要。他說所有跟案子有關的東西都託給我了，隨便我運用，他什麼都不想留，身邊什麼也都不要帶，這段日子的遭遇他不要再去想了。

王立問我說，如果以後他不到移民局報到，我作為擔保人，財產會不會有風險？我說，英國政府做事常常沒章法，誰知道哪天有哪個機關為了追查你而找上我，不過，我覺得機率非常小，我應該不會有事。他擔心如果真的每週去報到，會不會哪一次報到時，就被當場扣留起來？他已經在牢裡一年了，受的苦不說，一整年都沒工作的損失也很大。我勸他，移民局要他每週報到，就是不知道該拿他怎麼辦，去報到也好，可以證明他人一直在英國，等到二〇二〇年，他人在英國非法居留滿十五年了，就可以合法申請永久居留，當英國人了。他搖搖頭。他說，如果不會影響到我，他決定不去報到了，從此消失。我告訴他，作為他的擔保人，依法我不能鼓勵他這樣，但我也只能尊重他的選擇。

臨走前，王立拿了一千鎊現金給我，以防移民局真的會來查扣擔保

金。我問他接下來到哪裡去？他說，要到印度老太太的房子去，他的工具箱還留在那裡。

後記

此後我與王立斷斷續續都有聯絡，但他從不讓我知道他在哪。有次，他突然出現在我家門前，說牆壁油漆多處剝落，要不要他幫我漆一漆。

二〇〇九年一月，我寫完論文初稿，接下來就等著看指導教授何時何月會回覆我，然後就等著排隊申請口試。那時我剛好也接到邀約，陸委會賴幸媛主委問我想不想回臺灣到她辦公室工作，我答應了。從決定回臺到搭飛機離開倫敦，這中間有好多事，訂機票、找海運公司、訂紙箱、打包了三〇多箱、托運、找人修補房子、打掃房子、把房子租出去，瑣瑣碎碎。倫敦十三年的生活要一次清理，我總共只花了七天。至

於明宜、教會朋友和我一起成立的移民慈善組織，隨著明宜被判刑和我的離開，也自然解散了，這個組織因為基金小，從來沒有向官方登記過，解散也不用經過什麼程序，就此消失了。

我在小年夜傍晚拖著行李，從桃園機場直接到陸委會報到，那裡是另一個世界，不同的刺激與挑戰，但是相同地也遇到了移民議題，有陸配姊妹為制度所困，被迫與她們的前婚生子女分離，幼孩留在大陸，無法待在媽媽身邊。我還記得當事人找我陳情時，站在那裡，話還沒出口，眼淚就一直掉下來。

之後我回倫敦幾次，都會簡訊聯絡王立，或者約他吃中國菜。二〇一六年我在新北市府工作，朱立倫市長派我到倫敦出席聯合國國際金融公司的頒獎典禮，當宣布新北市奪得全球城市轉型卓越獎時，我傳簡訊恭喜朱市長，同時想到王立或許就在附近，我傳了簡訊，王立沒回，我打了他電話，是空號，此後斷了音訊。不過我記得，在那疊一千多頁的卷宗裡，有一頁警察從明宜住處查扣到的匯款紀錄，上面有王立福建老家地址。王立沒有消失，他應該就在那裡。

社會科學類　PF0226　Viewpoint36

低端的真相：
街頭律師眼中的東倫敦華人移工

作　　者／施威全
責任編輯／洪仕翰
圖文排版／周好靜
封面設計／蔡瑋筠

發 行 人／宋政坤
法律顧問／毛國樑　律師
出版發行／秀威資訊科技股份有限公司
114台北市內湖區瑞光路76巷65號1樓
電話：+886-2-2796-3638　傳真：+886-2-2796-1377
http://www.showwe.com.tw
劃撥帳號／19563868　戶名：秀威資訊科技股份有限公司
讀者服務信箱：service@showwe.com.tw
展售門市／國家書店（松江門市）
104台北市中山區松江路209號1樓
電話：+886-2-2518-0207　傳真：+886-2-2518-0778
網路訂購／秀威網路書店：https://store.showwe.tw
國家網路書店：https://www.govbooks.com.tw

2018年8月　BOD一版
定價：300元

國家圖書館出版品預行編目

低端的真相 : 街頭律師眼中的東倫敦華人移工 /
施威全著. -- 一版. -- 臺北市 : 秀威資訊科技,
2018.08
面； 公分. -- (Viewpoint ; 36)
BOD版
ISBN 978-986-326-582-5(平裝)

1.移民 2.英國

577.6 107011416

讀者回函卡

感謝您購買本書，為提升服務品質，請填妥以下資料，將讀者回函卡直接寄回或傳真本公司，收到您的寶貴意見後，我們會收藏記錄及檢討，謝謝！如您需要了解本公司最新出版書目、購書優惠或企劃活動，歡迎您上網查詢或下載相關資料：http:// www.showwe.com.tw

您購買的書名：________________________________

出生日期：________年________月________日

學歷：□高中（含）以下　□大專　□研究所（含）以上

職業：□製造業　□金融業　□資訊業　□軍警　□傳播業　□自由業

□服務業　□公務員　□教職　□學生　□家管　□其它_____

購書地點：□網路書店　□實體書店　□書展　□郵購　□贈閱　□其他

您從何得知本書的消息？

□網路書店　□實體書店　□網路搜尋　□電子報　□書訊　□雜誌

□傳播媒體　□親友推薦　□網站推薦　□部落格　□其他__________

您對本書的評價：（請填代號　1.非常滿意　2.滿意　3.尚可　4.再改進）

封面設計____　版面編排____　內容____　文／譯筆____　價格____

讀完書後您覺得：

□很有收穫　□有收穫　□收穫不多　□沒收穫

對我們的建議：________________________________

____

____

____

請貼
郵票

11466
台北市內湖區瑞光路 76 巷 65 號 1 樓

秀威資訊科技股份有限公司 收

BOD 數位出版事業部

(請沿線對折寄回,謝謝!)

姓　　名:________________　年齡:________　性別:□女　□男

郵遞區號:□□□□□

地　　址:________________________________

聯絡電話:(日)________________(夜)________________

E-mail:________________________________